R. FRANÇOIS 1962

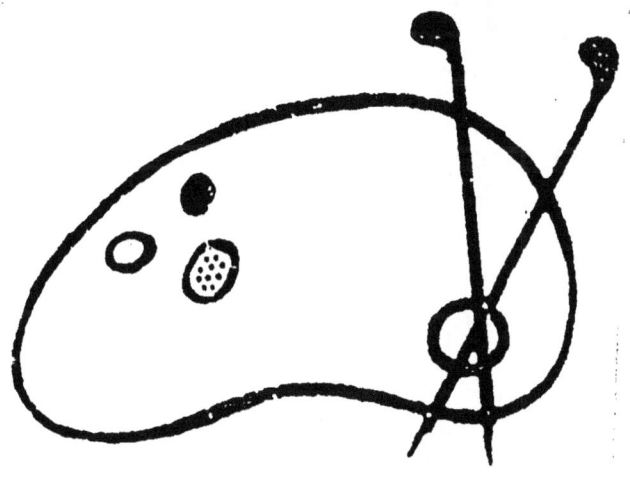

Couvertures supérieure et inférieure
en couleur

J. BARBEY D'AUREVILLY

POLÉMIQUES D'HIER

PARIS
NOUVELLE LIBRAIRIE PARISIENNE
ALBERT SAVINE, ÉDITEUR
12, RUE DES PYRAMIDES, 12

Tous droits réservés.

EN VENTE A LA MÊME LIBRAIRIE

Envoi FRANCO au reçu du prix en un mandat ou en timbres-poste

Collection in-18 jésus à 3 fr. 50

DOCTEUR S. BASCH
Maximilien au Mexique. 1
NAPOLÉON BONAPARTE
Œuvres littéraires, 2ᵉ édit. . . 4
EUGÈNE BONTOUX
L'Union générale. 1
ELEMIR BOURGES
Sous la hache, 2ᵉ édit. . . . 1
Le Crépuscule des Dieux. . . 1
CHTCHEDRINE
Les Messieurs Golovleff. . . 1
AUGUSTE CHIRAC
L'Agiotage sous la troisième République, 3ᵉ édition. . . . 2
La Haute Banque et les Révolutions. 1
ALBERT CIM
Institution de Demoiselles, 6ᵉ éd. 1
La petite Fée, 2ᵉ édition . . . 1
Deux Malheureuses, 5ᵉ éd. . . 1
HENRI CONTI
L'Allemagne intime, 4. édit. . . 1
PAUL DARRAS
Causes célèbres de la Belgique. 1
EDOUARD DRUMONT
La Fin d'un Monde. 1
FIDUS
La Révolution de Septembre. . 1
LÉONCE GRASILIER
Causes célèbres de l'Angleterre. 1
GUY-VALVOR
Une Fille, 2ᵉ édit. 1
L'Oiseau bleu. 1
JULES HOCHE
Le Vice sentimental, 2ᵉ édit. . 1
La Fiancée du trapèze, 2ᵉ éd. 1
Causes célèbres de l'Allemagne. 1
LÉON HUGONNET
Chez les Bulgares, 2ᵉ édition. . 1
HENRIK IBSEN
Théâtre. 1
JEAN LAROCQUE
1871, souvenirs révolutionnaires. 1
JACQUES LE LORRAIN
Nu, 2ᵉ édition. 1
CAMILLE LEMONNIER
Noëls Flamands, 2ᵉ édition. . 1
Les Peintres de la Vie, 2ᵉ éd. . 1
Un Mâle, édition définitive. . 1
Ceux de la glèbe. 1
JULES LERMINA
Nouvelles histoires incroyables. 1
LERMONTOFF
Un Héros de notre temps. . . 1
PAUL LHEUREUX
L'Hôtel Pigeon, 2ᵉ édition. . . 1
JEAN LOMBARD
L'Agonie. 1
JEAN LORRAIN
Les Lepillier, 2 édition. . . . 1
Très Russe, 2ᵉ édition. . . . 1
FRANÇOIS LOYAL
L'Espionnage allemand en France 1
PAUL MARGUERITTE
Tous Quatre, 2ᵉ édition. . . . 1
La Confession posthume, 2ᵉ éd. 1
Maison ouverte, 2ᵉ édition. . . 1

JULIEN MAUVRAC
L'Amour fantaisiste. 1
GEORGES MEYNIÉ
L'Algérie Juive, 5ᵉ édition. . . 1
Les Juifs en Algérie, 3ᵉ éd. . 1
LADISLAS MICKIEWICZ
Adam Mickiewicz, sa Vie & ses Œuv. 1
GEORGES MOORE
Confessions d'un jeune Anglais. 1
MUSTEL
Rallye-Dot, 3ᵉ édition. . . . 1
FRANÇOIS DE NION
L'Usure. 1
NARCIS OLLER
Le Papillon, préface d'ÉMILE ZOLA 1
ISA C. PAVLOVSKY
Souvenirs sur Tourguéneff. . . 1
PARIA KERIGAN
Le Tréfonds. 1
J. PENE-SIEFERT
La Marine en danger. . . . 1
PEREZ GALDOS
Dona Perfecta, 2ᵉ édition. . . 1
MARINA POLONSKY
Causes célèbres de la Russie. 1
EDGAR POE
Derniers Contes, trad. RABBE. . 1
TH. RECHETNIKOV
Ceux de Podlipnaïa, 2ᵉ édition. 1
EDOUARD ROD
L'Autopsie du docteur Z.... 1
J.-H. ROSNY
Nell Horn. 1
Le Bilatéral. 1
L'Immolation. 1
LÉON TIKHOMIROV
Conspirateurs et Policiers. . . 1
La Russie politique et sociale. 1
COMTE ALEXIS TOLSTOÏ
La Mort d'Ivan le Terrible. . 1
COMTE LÉON TOLSTOÏ
Ma Confession, 3ᵉ édition. . . 1
Que faire? 3ᵉ édition. . . . 1
Ce qu'il faut faire, 2ᵉ édition. 1
Dernières Nouvelles, 4ᵉ édit. . 1
Pour les Enfants, 3ᵉ édit. . . 1
L'École de Yasnaïa Poliana. . 1
La Liberté dans l'École. . . 1
COMTE N. TOLSTOÏ
La Vie. 1
JUAN VALERA
Le Commandeur Mendoza. . . 1
VASSILI VERESCHAGIN
Souvenirs, ill. par l'auteur. . . 1
A. VANDAM
Causes célèbres de l'Angleterre. 1
J. VERDAGUER
L'Atlantide. 1
Le Canigou. 1
CHARLES VIRMAITRE
Paris qui s'efface, 2ᵉ édition. . 1
Paris-escarpe 9ᵉ édition. . . 1
Paris-canard, 2ᵉ édition. . . 1
Paris-boursicotier, 2ᵉ édit. . . 1
Paris-palette, 2ᵉ édition. . . 1
KALIXT DE WOLSKI
La Russie Juive, 3ᵉ édition. . 1

POLÉMIQUES D'HIER

J. BARBEY D'AUREVILLY

POLÉMIQUES D'HIER

PARIS
NOUVELLE LIBRAIRIE PARISIENNE
ALBERT SAVINE, ÉDITEUR
12, Rue des Pyramides, 12

1889

A MON JEUNE ET CHER AMI

GABRIEL DELAS

J. BARBEY D'AUREVILLY

POLÉMIQUES D'HIER

LETTRE

A M. GRÉGORY GANESCO, directeur du Nain Jaune.

CONFIDENTIELLE OU OFFICIELLE

As you like!

Monsieur,

Vous m'avez ouvert la porte du *Nain Jaune* sans scrupule. J'y suis entré sans embarras... Malgré les différences d'opinion qui m'auraient certainement barré cette porte — *barricadé* serait peut-être le vrai mot! — si le verrou en avait été tenu par des mains moins intelligentes que les vôtres, vous avez cru que je pourrais risquer chez vous, de temps en temps, un jugement sur les choses littéraires contemporaines tout aussi bien qu'un autre... qui penserait autrement que moi. A ma place, cet autre-là... qui sait ? se confondrait en compliments sur votre libéralité d'esprit ; mais ni vous ni moi ne nous soucions... n'est-ce pas, Monsieur ?... de recommencer la vieille comédie, jouée si souvent par messieurs les comédiens ordinaires des journaux, de se trouver charmants en famille, — de rédacteurs à directeur, — et de se le dire résolument à la barbe du public, qui rit toujours un peu dans cette barbe-là ! D'ailleurs, Monsieur, il y a, au fond, dans votre procédé d'aujourd'hui, moins d'étendue et de magnanimité intellectuelle que de justesse. Admettre dans votre journal le franc jeu de ma personnalité, quelle qu'elle soit, c'est admettre implicitement le franc jeu de tout ce qui peut en avoir une. Nous y gagnons tous ! Mais de plus, selon moi, c'est comprendre une des nécessités du temps et l'avenir du Journalisme, — si le malheureux a encore un avenir ! Car le Journalisme qui fut collectif, cohérent, unitaire et puissant, il se meurt. Et il ne sera sauvé, s'il peut l'être, que par le développement à fond de train de cette force — la seule qui nous reste ! — qu'on appelle la Personnalité.

Et ce n'est pas vous, qui voulez le galvaniser, ce n'est pas vous, Monsieur, qui tentez l'expérience d'un journal de plus sur l'esprit public ennuyé et la curiosité publique insatiablement écœurée, qui me nieriez jamais que le Journalisme est à l'extrémité et qu'il fait ses dernières grimaces d'agonie. La peine qu'il vous donne... ou qu'il va vous donner, prouve son mal. Ah! quelle abominable nosographie. Rassurez-vous, Monsieur, je ne l'écrirai pas! A le prendre seulement dans notre siècle, où, pour la première fois, il fut vraiment organisé, le Journalisme tel que l'entendirent les deux hommes qui l'organisèrent, et qui en avaient incontestablement le génie, — les deux Bertin du *Journal des Débats*, — est arrivé en soixante ans, — et dans un pays aussi spirituel que la France, — le croirat-on? à M. Timothée Trimm... Les abonnés ne me font rien, à moi! J'appelle hardiment cela mourir. Oui! j'appelle cela mourir, et mourir vilainement encore. Nous ne tombons même pas avec la décence de ces coquins de gladiateurs! Pour qui voulait vivre et faire vivre la France et l'Europe d'idées et de littérature, aller du *Journal des Débats* au *Petit Journal*, — de Fiévée et de Chateaubriand à monsieur je ne sais qui, — c'est, à coup sûr, faire trop de chemin, même en soixante ans, et crever des chevaux qui furent beaux et fringants, devenus de déplorables bêtes. Certes! les causes d'un si grand désastre et d'une si brusque fin doivent être nombreuses et complexes, et peut-être les aborderai-je ici quelque jour. Mais, aujourd'hui, je n'ai pas à me livrer à ce travail amer pour expliquer cette fin si vite venue du Journalisme. Je n'ai besoin que de montrer en quelques mots l'organisme qui le rendit si fort un moment et qui maintenant se déconcerte, et l'action terrible du milieu dans lequel on l'a fait descendre.

Cet organisme, j'ai dit déjà les mains toutes-puissantes qui le lui donnèrent. Jusque-là, qu'avait-il été ? — Rien ou presque rien. Depuis un siècle et demi qu'il était né, cet enfant vagissant de Renaudot, le médecin, s'était essayé à vivre sans grande réussite. Avant 1789, il n'avait guère été qu'une amusette d'oisifs, d'un genre un peu moins bête que le parfilage et la broderie au tambour. Mais lorsque la Révolution fut finie, lorsqu'on eut assez de sang comme cela et de fautes de français aussi, le Journalisme devint, sous l'action rénovatrice ou plutôt créatrice des Bertin, la forme la plus populaire de la littérature d'alors. La société, qui n'était pas assez rassise pour reprendre le livre dans les bibliothèques où il eût fallu le chercher, prit le journal, qu'elle trouva partout à portée de sa main et qu'elle lut debout, parce qu'elle était debout encore. On peut donc affirmer, sans exagérer, que le journal recommença la littérature, et comme la littérature n'est partout et toujours que « l'expression de la société », ainsi que l'a écrit un grand esprit que ce siècle superficiel ne lit plus pour sa peine de n'avoir écrit que des choses éternelles, cette forme nouvelle qui naissait à la littérature réalisa pour sa part le mot de Bonald, devenu commun tant il a été répété, mais commun comme la lumière! Le Journalisme dut réfléchir et réfléchit la société... Or, la société de ce temps-là cherchait un ciment dans la poussière des choses qu'elle avait brisées, et le Journalisme comme elle. On le vit ramasser là où la Révolution les avait mises les idées, la littérature et jusqu'à la langue qu'on n'écrivait plus. Seulement, tour à tour monarchique ou révolutionnaire, religieux, athée ou sceptique, il exprima également toutes les idées du temps et toutes ses passions. A cette époque. vous le savez, Monsieur, il y avait des partis compacts, des opinions ardentes ou blessées, des croyances communes, fausses ou vraies, enfin des groupes de choses et d'esprits fortement reliés qui s'opposaient les uns aux autres des résistances considérables. Eh bien, le Journalisme se fit de tout cela... avec tout cela.

Mais rien de ce qui tenait si fort ne tient plus. Nous avons marché, et, en marchant, nous avons rompu tous nos cadres. Nous nous sommes débandés, et, postillons épars du Progrès, nous distançant les uns les autres, nous avons fait claquer fièrement nos fouets, comme si nous avions mené tout le genre humain à la noce. Dieu sait où nous le conduisions !

Que cela réjouisse ou que cela désole, que cela épouvante ou rassure, que ce soit heureux ou funeste, un pareil fait est plus fort que l'observateur, et quand le diable y serait (et je crois qu'il y est !), je suis bien obligé de le constater. Oui ! après tout, je suis bien obligé de reconnaître que le principe de la Libre-Pensée, si peu agréable qu'il me soit, a très joliment travaillé depuis qu'il s'est mis à l'ouvrage dans les esprits et dans les mœurs. Pour ne parler que de littérature, le seul ordre d'idées qu'il nous soit permis de toucher, demandez-vous seulement, Monsieur, où sont allées ces grandes opinions identiques ou sympathiques qui faisaient doctrine et tradition autrefois ? Demandez-vous où tiennent maintenant les systèmes acceptés et régnant, sinon sans conteste, au moins appuyés sur un nombre donné et résistant d'esprits ? Ah ! bien, oui ! Les deux têtes dans le même bonnet — ces deux têtes proverbiales — deviennent chaque jour plus impossibles. En y entrant, elles déchireraient si bien le bonnet qu'on n'en retrouverait pas la houppe ! En religion même, — car ce siècle raisonnable et savant a eu ses religions comme les siècles qu'il méprise le plus, — n'avons-nous pas vu (et cela toujours) l'hérésie à trois pas du dogme, Bazard souffleter Enfantin, M. Littré renier Auguste Comte ?... Sur quelque sujet que ce puisse être, les hommes qui furent des collections ne sont plus que des unités. L'individualité, chauffée au feu de tous les orgueils, est déchaînée sur toute la ligne. Et voilà pourquoi la société, cherchant son image dans le miroir de sa littérature, se détourne de tout ce qui peut l'empêcher de se reconnaître et ne trouve plus dans les œuvres de l'esprit d'autre intérêt que celui des évolutions, plus ou moins puissantes, de la Personnalité. Voilà pourquoi le talent lui-même, ce talent cultivé, méritant, suffisant autrefois, n'est plus compté par cette société, qui fait une si grande place à l'individualité, s'il n'est une personnalité exorbitante, — s'il n'éclate d'originalité.

Singulier résultat, n'est-il pas vrai, Monsieur? Nous voilà forcés, nous autres qui écrivaillons, d'être originaux et personnels. Rude affaire! Ne l'est pas qui veut. Et puisqu'il s'agit de littérature, voilà le Journalisme obligé, sous peine de ne pas réussir, c'est-à-dire de ne pas être, d'accepter bravement les conséquences d'un état de société contre lequel ceux qui le jugent le plus cruellement ne peuvent rien, et qui ne laisse aux choses de l'esprit que la personnalité pour toute ressource. Il est bien évident, en effet, que les anciennes formes du Journalisme collectif et cohérent ne peuvent plus servir dans un temps qui a, de moins en moins, des doctrines collectives et des sentiments collectifs. Les journaux attardés qui les conservent encore sont déjà ennuyeux, et le jour n'est pas loin, s'ils s'obstinent, où ils deviendront insupportables! A présent, ce n'est pas le *je* de Pascal qui est haïssable, c'est le *nous*. Fondée sur le *moi*, la société ne se passionne que pour le *moi*, à tort ou à raison, sans doute! Mais vous n'avez pas à discuter cela, vous! vous n'avez qu'à faire un journal, et un journal de littérature. Vous n'avez qu'à ramener les esprits à vous, sans faire de honteux sacrifices. Une des grandes fautes du Journalisme de tous les temps, Monsieur, c'est d'avoir été vis-à-vis des masses plus courtisan qu'éducateur ; c'est d'être descendu au niveau du public au lieu de faire monter le public à son niveau, et c'est là ce que j'appelle un honteux sacrifice. Mais je n'appelle point de ce nom les séductions du talent par lesquelles on attire à soi la pensée. D'ailleurs, la grande question pour vous, Monsieur, qui faites un journal exclusivement littéraire, c'est de chercher au fond des esprits et d'y remuer ce feu sacré des choses littéraires qui, chaque jour, s'en va s'éteignant un peu plus... Quand vous aurez fait cela, vous aurez assez fait ! Vous n'êtes pas un journal qui s'adresse à cette chose si rare à présent : un groupe d'esprits animés de la même pensée. Vous vous adressez à tous les esprits, et vous avez parfaitement compris que le moyen de s'adresser à tous les esprits, c'était de les représenter tous dans leur différence et dans leur variété; c'était d'admettre dans votre concert les voix sympathiques à chacun d'eux, — et même celle, s'il en était une, qui n'aurait pour tout bien qu'un seul écho. Un moment, à la vérité, j'ai tremblé pour vous... un moment qui n'a pas été long. Je vous ai vu peut-être trop incliner vers les opinions sévères sous les formes sévères. J'ai pu craindre qu'on envoyât trop à une école doctrinaire le *Nain Jaune*, qui doit avoir plus les grâces du jeune homme que la sagesse du bambin. Vous m'avez rassuré, Monsieur. A côté de M. Frédéric Morin qui disait du mal de l'esprit, — thèse désintéressée ! — vous m'avez montré M. Philarète Chasles le causeur qui nie la causerie, — autre thèse désintéressée ! — et je me suis dit que vous aviez trop d'intelligence pour être répulsif et fermé comme le bronze, et que, malgré M. Morin et les moralistes qui vous entourent, vous prendriez bien parmi vos rédacteurs le prince de Ligne ou Rivarol, — si par hasard vous les trouviez.

Je crois que vous auriez raison.

Agréez, etc., etc.

J. B. d'A.

1ᵉʳ décembre, 1865.

LES RÉFRACTAIRES

PAR M. JULES VALLÈS

Étudier la raison d'un succès est toujours une belle question en Critique... S'il est un livre pour lequel le Journalisme ait battu de tous ses tambours, — et *aux champs* encore, — c'est ce livre des *Réfractaires!* L'auteur en fut un, m'a-t-on dit ; ce qui prouve, Dieu merci, qu'ils ne s'en vont pas tous finir à la Morgue et à Bicêtre, mais qu'il en est qui se décident à emboîter le pas... gymnastique, pour aller plus vite derrière cette société en marche qu'ils ne voulaient ni servir ni suivre, et même à avoir avec elle de ces manières très peu sauvages à l'aide desquelles on prend le succès à Paris.

Et j'en fais mon compliment à M. Jules Vallès, et mon compliment très sincère. Le Sicambre de la misère bravée et de la vanité folle des premiers jours de la vie, a baissé la tête parce qu'il l'avait intelligente. Il l'a baissée au lieu de se la casser. Cela valait mieux. Le réfractaire n'a été qu'un retardataire. Le conscrit social en révolte, qui ne voulait pas être soldat parce qu'on ne le faisait pas tout d'abord maréchal de France, a rejoint le régiment sans gendarmes, et il ne s'est pas coupé le doigt qui tire la languette dans le coup de fusil, pour se rendre impropre au service. Non! de par Dieu! il a le doigt, la languette, le fusil, et il sait tirer, et il tire aujourd'hui sur ses troupes, et il entend à merveille le petit ménage de sa poire à poudre, et il ne perdra pas un seul grain de la charge de son fusil! Et il dit à ceux qui le regardent ou qui ne le regardent pas, il leur dit avec ce besoin d'être vu qui est l'âme de ces insurgés solitaires : Tenez! c'est ainsi que je tire. Comment trouvez-vous ce coup-là!...

Nous le trouvons tiré en ligne et pas mal ajusté, Monsieur. Mais pourquoi n'est-il pas mortel?... Est-ce donc que l'ancien réfractaire aurait encore l'involontaire émotion du passé, la larme à l'œil qui empêche de bien voir et le tremblement de la main, quand il tire sur ses camarades d'indiscipline et de débandade ?... En d'autres termes, si le peintre est dans ces *Réfractaires*, le peintre amer, âpre et féroce qui nous les a faits si cruellement ressemblants, pourquoi le moraliste n'y est-il pas, le moraliste qui jugerait en dernier ressort tous ces bohèmes de l'orgueil et de la paresse, tous ces échappés de la loi sociale, et qui les internerait au bagne du mépris à perpétuité pour leur peine d'avoir lâchement refusé de prendre leur part des travaux forcés de la vie ?... Assurément, c'est très bien que de fusiller toutes ces sottises, quand on est un homme ; mais il ne faut pas qu'une seule en réchappe. Il faut les laisser toutes bien réellement mortes sur la place. Et si elles n'étaient que blessées, il faut les achever !

Eh bien, M. Jules Vallès ne les achève pas !... et voilà la grande critique à faire de son livre, qui ne conclut point, qui n'a aucune des conséquences sévères et absolues auxquelles je m'attendais en ouvrant cet ouvrage, dont le titre est plus grand que l'idée. En effet, les *Réfractaires*, tout court, impliquent les grands comme les petits réfractaires, et ici je ne vois que les petits.

Oui ! les petits, — et encore les petits de Paris, visibles seulement à Paris, connus uniquement entre le Gros-Caillou et les Buttes-Montmartre et dont l'espèce est perdue, — entièrement perdue, — et n'existe plus, passé la banlieue et ses derniers cabarets. Les *réfractaires* de M. Jules Vallès n'appartiennent pas à la grande nature humaine. Ils sont aussi particuliers et *locaux* à leur manière que les plus corrompus, les plus dépravés des Chinois le sont à la leur. Ils sont exclusivement de Paris, comme les chiffonniers qui valent mieux qu'eux, — comme les *cocottes*, ces autres réfractaires, qui ont aussi leurs historiens et leurs Vallès, non dégoûtés et quittant la place comme le Vallès d'aujourd'hui, mais, au contraire, voulant y entrer ! En dehors de Paris, en dehors de cette espèce de cuve qui a ses sorcières comme la marmite de Macbeth, mais plus jolies, et où tous les champignons gâtés du fumier civilisé bouillonnent incessamment sous le feu des plus diaboliques vanités, on ne sait pas et on ne comprendrait pas un seul mot de l'histoire que M. Jules Vallès a écrite avec une verve poignante. Pour cela, il est nécessaire de connaître la vie de Paris, les bouges de Paris, et surtout la littérature de Paris ; car, ne vous y trompez pas ! ces réfractaires de Paris et de M. Vallès ont le rêve et la prétention littéraires... Ils sont nés de cette démangeaison.

Cette tarentule dont on meurt, la plume, les a piqués. Ils sont pourris par cette piqûre. Tous ou presque tous, si vous voulez y regarder, ils sont plus ou moins les frères en bâtardise des bohèmes célèbres ou surfaits, les Edgar Poë, les Mürger, les Gérard de Nerval. Seulement, eux ! ils ont raté avant le coup. Lazzaroni dépenaillés et beaux diseurs, ce sont les fiers-à-bras de la Médiocrité, avec l'insolence du génie, que n'a pas le génie, des Don César de Bazan, sans naissance, ruinés avant de venir au monde, et dont les haillons dans lesquels ils se drapent n'ont jamais eu assez d'étoffe pour faire un manteau. Sans la prétention littéraire qui les distingue et qui est leur caractéristique, ils ne seraient que des pauvres, non pas de ceux-là que l'admirable Église catholique appelle « les membres de Jésus-Christ », titre sublime qui révolterait leur orgueil, non pas de ces pauvres honteux qui sont si touchants, mais des pauvres sans honte, faméliques, paresseux, envieux, impudents, enragés, comme il en existe partout dans toutes les sociétés du monde, — le fond commun de l'humanité, qui se répète, hélas ! comme la mer se balance, à nous donner le mal de cœur, et qui n'est pas, la rabâcheuse ! originale tous les jours.

Ainsi, trop circonscrit et trop local, pas assez

vaste, pas assez historique, — car j'en connais, de beaux réfractaires, dans l'Histoire ! — le sujet de M. Vallès a l'inconvénient de tous les sujets circonscrits. Il manque de l'intérêt qui prend, d'emblée, tous les esprits et tous les cœurs. Je crois bien que le livre de M. Vallès pourra très vivement intéresser dans un siècle ou deux les Mérimée de l'avenir, les archéologues et les antiquaires de l'Histoire, qui demanderaient qu'on leur servît tout chaud un Tallemant des Réaux du temps de Périclès, afin de faire un feuilleton piquant de ses commérages de mœurs mortes et de singularités sociales oubliées. Mais pour nous qui sommes encore de ce siècle et qui n'avons que trop frotté nos coudes au coude percé de ces fainéants de l'orgueil et de la jactance, lesquels disent à la société, — dure parfois, je le sais, mais, au bout du compte, toujours leur mère ! — « Je ne suis pas fait pour entrer dans tes catégories. Je suis trop grand pour passer, même en courbant la tête, sous tes misérables portes Saint-Denis ! » pour nous, enfin, qui avons connu à fond cette race de drôles, spéciale aux cabarets de Paris du XIX° siècle, il n'y a guère d'intérêt dans la peinture de M. Vallès que sa peinture. Or, cette peinture trouve son cadre trop tôt. Quand le grand Callot, qui, lui aussi, peignait des réfractaires, nous donnait ses fameux pauvres et ses bandits, c'était toute la sociétée délabrée de son temps qu'il étreignait et qu'il maîtrisait sous son observation puissante, c'étaient toutes les misères lamentables ou grotesques, abjectes ou terribles, que l'épouvantable guerre de Trente ans et les vices de cent avaient faites. Il n'avait pas que quelques types, que deux ou trois curiosités, deux ou trois variétés de la même figure. Mais M. Vallès n'a pas vu autant que Callot, et il ne peint que ce qu'il a vu. Ce n'est pas sa faute, mais c'est là peu de chose... Comme Callot, il a mis dans sa peinture ses souvenirs personnels, et il a eu raison. Je ne l'en blâme pas ! Les meilleures couleurs de nos palettes ne sont jamais que le sang qui coula de nos cœurs. Seulement, ce que je lui reproche, c'est de n'avoir pas assez de souvenirs. Lui qui crie un peu trop : PLACE AUX JEUNES ! a le tort, ici, de n'être pas assez vieux. L'homme ébauché borne l'artiste. Ce que je lui reproche, c'est de ne traîner dans tout son livre d'aujourd'hui, qui commence par cette eau-forte des *Réfractaires*, suivie de l'eau-faible des *Irréguliers de Paris*, qui sont encore des réfractaires, mais des clairs de lune de réfractaires, et qui finit par ce roman de pitres et de monstres qui sont des réfractaires encore, mais ceux-là descendus à la plus basse puissance du dégoût ; oui ! ce que je lui reproche, c'est de ne traîner jamais que le boulet, trop lourd et trop rivé, d'un *seul* souvenir personnel. Le cas est triste. J'en voudrais au moins deux ! Un ombilic à regarder, ce n'est pas le tour du monde, quand vous le prendriez dans la panse même de Falstaff ! A force de se regarder le bout du nez, le plus beau visage finit par se donner un genre de regard qui ne doit pas faire beaucoup de conquêtes, et il faut se défier de la grimace à poste fixe du talent.

Car M. Jules Vallès a du talent, et je tiens à ce qu'il ne nous le gâte pas et qu'il nous le conserve... Puisque j'ai parlé de Callot, je ne dirai pas, certes ! que M. Vallès a les immenses qualités pittoresques de ce peintre de réfractaires, ou sa noblesse inouïe quand l'objet qu'il retrace est bas, ou son idéalité restée toujours pure dans l'observation la plus exacte. Je ne dirai pas non plus qu'il ait la tragique impassibilité d'Hogarth, de cet autre peintre de vices et de misères qui fut un moraliste comme M. Vallès ne l'est pas, mais je dis avec bonheur qu'il a la verve sombre, le feu noir, le nerf, le mordant, le trait brutal, qui viole, mais féconde, et l'amertume de la caricature, s'il n'en a pas toujours la gaieté. Évidemment, ce sont des dons cela, et je lui en sais d'autres encore. Ce meurt-de-faim d'hier, qui n'en mourra pas (heureusement!) et qui s'est repris, par l'énergie, à la famine, a dans son livre peut-être trop de cris d'estomac, mais il a aussi des cris de cœur. Les intestins n'empêchent pas les entrailles. Il est sensible[1], et il a souffert. On trouve chez lui de ces mots qui ressemblent à des sanglots qui crèvent, mais qu'il étouffe vite dans sa phrase crispée et rapide. En écrivant toute cette histoire qui fut un peu la sienne, il renfonce les larmes que Diderot laisserait couler; Diderot qui écrivit l'histoire du réfractaire *Neveu de Rameau*; Diderot qui fit des sermons à un louis pièce pour manger, qui fut un réfractaire comme M. Vallès et qui n'en devint pas moins bourgeois de Paris, académicien, père de famille, un gros bonhomme en robe de chambre et en serre-tête comme un jour le sera peut-être M. Vallès. Dieu a tant d'esprit! C'est une de ses meilleures plaisanteries que de faire de ces crânes indomptés de réfractaires, tout bonnement de braves bourgeois de Paris!

Seulement, ce n'est pas tout que d'être sen-

---

[1] Dans ce livre-là.

sible : il faut être élevé, il faut que chez l'artiste qui sent et qui fait sentir, la pensée ennoblisse l'émotion, et s'il se peut, la sublimise. Et bien, franchement, est-ce bien cela chez M. Vallès?... Quand il nous expose ses réfractaires, ses irréguliers, ses pitres et ses monstres de foire, tout ce monde de toqués, de tiqués, de contrefaits par le vice, l'insanité et la sottise dont son livre est la vitrine en cristal, M. Vallès nous relève-t-il l'âme de cette boue et n'est-il pas un peu trop un de ces peintres dont parle Chamfort, qui dans un palais choisissent les latrines pour les peindre ?... La source de l'inspiration de M. Vallès est-elle bien tout ce qu'elle doit être ?... J'ai déjà dit que le moraliste, l'homme plus haut que ce qu'il voit et qui le juge, n'était pas en lui. Il n'y a pas une place, dans tout ce livre des *Réfractaires*, une seule place où souffle le vent d'un principe, une ligne où l'on sente que l'auteur a en lui ce point fixe des notions premières qui sont comme les gonds de la vie et sur lesquels elle tourne, mais sans jamais s'en détacher... Eh bien, à part cette nécessité d'être moraliste pour être vraiment supérieur dans un livre comme les *Réfractaires*, y a-t-il même dans le coup de pinceau de M. Vallès, qui est énergique, autre chose que de la force qui fait montre de ses biceps comme messieurs ces Hercules qu'il aime ?... J'y ai cherché vainement une phrase qui eût de la grâce, de la grâce, ce dernier développement de la force qui lève sa massue avec légèreté! Comme écrivain (uniquement comme écrivain, bien entendu), M. Vallès est le jeune homme dont M. Proudhon est l'homme fait. Il a ce style ferme, sain, robuste, qui plaît en France et porte l'idée, mais que diable! il faut une idée à porter ce style, très certainement M. Vallès en tirerait parti s'il le mettait au service de quelque chose de grand. Il ne doit pas s'en servir pour nous peindre la Cour des Miracles dans des livres qui pourraient être signés très bien : « Clopin Trouillefou ». Assez commme cela de Cours de Miracles ! M. Jules Vallès pourra peut-être en faire, mais à condition d'en sortir.

21 décembre 1865.

A MONSIEUR GRÉGORY GANESCO

DIRECTEUR DU *NAIN JAUNE*

Ceci n'est pas très gai, Monsieur, pour ceux qui, comme moi, font de la Critique, et comme vous un journal satirique ; mais il faut bien voir, sous peine de pusillanimité, les choses comme elles sont Encore un peu de temps de la vie que nous menons, ou plutôt qui nous mène, et la Critique et la Satire auront certainement fini le leur. La Satire tiendra plus longtemps que la Critique. Elle a la vie plus dure ou plutôt plus facile, et j'en félicite le *Nain jaune !* Il lui restera les épigrammes et les cancans. En fait de malices, c'est comme en fait d'abus : il y a toujours du pain sur la planche. Mais la Critique, elle ! la pauvre et noble Critique qui veut être impartiale, qui veut s'appeler comme Kléber « la Sultane Juste », est parfaitement sûre de son affaire : elle aura vécu... Elle sera tuée, et savez-vous par qui, Monsieur ? C'est un drôle de résultat, allez! que celui que nous sommes à la veille d'atteindre. Elle sera tuée par la Publicité. Oui! Monsieur, par cette grosse bête qui fait du bruit et qui s'appelle la Publicité.

En France, Monsieur, — vous le savez, quoique étranger, — nous n'avons jamais manqué de grosses bêtes, ni de bêtes d'aucune dimension pour la chasse et la délectation des gens d'esprit. Mais, jusqu'à cette présente heure, nous n'avions pas encore celle-ci pour leur désespoir ; celle-ci qui est bien la fille du xix° siècle, sa fille à lui seul, sans aucun collaborateur! Avant le xix° siècle, en effet, le bruit existait bien (parbleu !), le bruit, cette clameur fatale des choses, répercutée par la bouche envieuse, menteuse ou imbécile des hommes; mais c'était là de la nature, ce n'était pas de l'art. Nous n'avions pas la Publicité! La Publicité, c'est le xix° siècle qui l'a faite; car le bruit, c'est le xix° siècle qui l'a organisé... Plus fort en gueule que tous les autres siècles qui l'ont précédé, c'est l'industrieux ou l'industriel xix° siècle qui a forcé les choses les plus muettes à crier, en leur appliquant les cent ventouses de ces journaux et les mille appareils de ces réclames. Autrefois, sur le bruit qui passait et dont on n'augmentait pas le volume par des moyens artificiels, on pouvait écrémer parfois, çà et là, de la gloire, pour quelqu'un de fier et de silencieux qui la méritait ; de la gloire qui ne passait pas, — qui ne s'altérait pas, — et que le temps, au contraire, purifiait chaque jour davantage. Mais, à présent, quand nous avons le bruit, nous nous soucions bien de la gloire ! Nous nous soucions bien de la crème quand nous avons le lait à pleines potées, ce lait frelaté que nous irions encore boire dans le ruisseau, s'il y tombait ! Autrefois, malgré l'oppression de ces mille échos qui forment l'opinion ou qui la déforment, on se révoltait, de loin en loin, on s'inscrivait en faux contre leur bruyante tyrannie. Il y avait en toute langue des mots généreux, des locutions vengeresses qui rafraîchissaient le sang dans les veines des hommes d'esprit. *Sunt voces et præterea nihil*, disait l'Antiquité. *Words ! words ! words !* s'écriait violemment Shakespeare, à travers le mépris d'Hamlet et par-dessus son rôle. Un proverbe avait buriné que les actions étaient des mâles et que les paroles n'étaient que des femelles. Mais nous avons changé tout cela, comme les médecins de

Molière. Au xix° siècle, les femelles sont devenues des mâles. La parole, cette cymbale, *cymbalum tinniens*, a été tout, le reste rien... *et præterea nihil;* le bruit, cette fumée de l'oreille, plus vaine que la fumée des yeux, a tout couvert, tout envahi ! Le bruit a gouverné le monde, ce vieux sourd distrait à qui il faut casser le tympan pour qu'il entende, et la chose, la monstruosité est arrivée à ce point, nous en sommes venus à cet état de dureté de honte et de joue, qu'on dirait volontiers, chacun à sa manière : « Donnez-moi des soufflets, si cela vous arrange, mais qu'ils me rapportent au moins quelque chose et qu'on les entende retentir ! »

Et je ne suis point un misanthrope indigné qui charge le tableau, Monsieur... En littérature, est-ce que ce mot que je viens d'écrire ne se dit pas avec la plus grande simplicité et tranquillité, tous les jours?... « Éreintez-moi », dit-on, — c'est la différence des reins à la joue ; c'est le soufflet appliqué plus bas, — « éreintez-moi, mon cher : cela m'est bien égal, pourvu que vous me fassiez un article ! » Tel est le mot habituel et officiel, familier et incommutable, même dans sa rédaction, qui n'est pas, comme vous

voyez, de la première élégance ni de la seconde non plus ; tel est le mot qui se dit d'auteur à critique, de faiseur de livres à faiseur de journaux. Ne l'avez-vous pas, Monsieur, entendu cent fois pour votre compte ? Quant à moi, je ne sais plus guère le nombre de fois que je l'ai entendu pour le mien. Parfois, il est vrai, on y met de petites variantes. Je les connais, et vous aussi !
« Peu importe que vous me blâmiez, que vous me condamniez sur le fond des choses... » — et le fond des choses, Monsieur, c'est l'erreur ou la vérité, rien que cela ! — « nous n'avons pas les mêmes idées... mais si vous dites qu'*il y a talent*, tout sera bien ! » Et même cette réserve du talent, ce dernier espoir de l'amour-propre et sa dernière mendicité, on finit par y renoncer ; on finit, quand on rencontre devant soi l'inflexible, par la sacrifier à la considération du bruit seul, du bruit à n'importe quel prix ! Ah ! quelle race d'hommes sommes-nous devenus ? Nous n'avons donc plus dans le ventre que des âmes de libraires ?... Ce n'est pas d'un jugement, de sa solidité, de sa portée, de sa justesse qu'on se préoccupe ou qu'on s'inquiète, ou que d'avance on est blessé. Ce n'est pas non plus de l'autorité et de la compétence de l'homme qui va le prononcer, — à moins pourtant que le nom

de cet homme ne rende le bruit de son jugement plus grand : alors, c'est là-dessus qu'on spécule. Non! c'est uniquement du bruit qu'il fera, du bruit physique, du bruit en soi, du clic-clac retentissant du coup de fouet ou de la chose. Si bien, Monsieur, que le critique placé maintenant devant un livre mauvais par l'art ou dangereux par la moralité, se demande s'il ne vaut pas mieux, pour faire justice, se taire que parler.... Enfin, impasse terrible! où, par les mœurs littéraires de ce temps, la malheureuse Critique est arrivée, si elle parle et quoi qu'elle dise, elle va faire les affaires de l'auteur et même de son livre, et si elle se tait, elle se désarme elle-même, et, comme tout soldat désarmé, elle n'est plus !

Eh bien, Monsieur, cette démission forcée, ce désarmement de la Critique, qui doit nécessairement amener sa mort dans un temps donné, comme tout désarmement, je n'en ai jamais plus senti la fatalité qu'en présence de deux livres nouveaux qui, un matin, échouèrent sur ma table, et échouèrent est le mot, car ils y seraient restés s'ils n'avaient pas commencé de faire ce bruit que grandit toute Critique qui s'y mêle, et qui l'étouffe, pour sa peine de l'avoir grandi... L'un de ces deux livres, dont je vous dirai seulement quelques mots, Monsieur, car ils ne valent pas davantage, ne fût-ce d'ailleurs que pour vous justifier l'embarras qu'ils m'ont fait connaître ; l'un de ces livres, venu bravement sans recommandation, était d'un écrivain qui, par sa position dans la maison Hachette, me fut-il conté, se recommandait bien assez aux journalistes bons garçons qui aiment les livres et qui en publient pour les avoir tous eus naturellement quand il parut, et pour qu'ils eussent déjà attaché à la queue de sa chosette — je parle ainsi parce que le livre est petit — les sonnettes de la réclame ou la cloche du grand article. L'autre bouquin, plus étoffé, plus gros, signé d'un pseudonyme allemand, n'avait, lui, que la recommandation de son propre éditeur à lui-même, lequel m'avait adressé la phrase ordinaire, la phrase gravée, lapidaire et monumentale : « Éreintez-nous si vous voulez ! » Il avait même ajouté : « Tout ce que vous trouverez là dedans est contraire à vos convictions et quelque peu insolent pour elles, mais nous ne vous demandons pas de quartier ! Vous nous éreinterez. »

Quelques coups de bâton ! nous sommes à notre aise.

Doux, humble et insidieux libraire ! Le livre

sur lequel il acceptait si héroïquement les étrivières, sachant bien, le malin, que les livres sont comme les œufs, et que plus on les bat, plus ils moussent, était intitulé : la *Cure du docteur Pontalais*, et l'autre, dont il ne parlait point, parce qu'il ne l'éditait pas, se nommait : la *Confession de Claude*... J'eus bientôt lu ces deux chefs-d'œuvre, mais c'est alors, Monsieur, que cette anxiété qui va s'attacher à l'âme de tout critique, dans ce temps de bruit, commença pour votre serviteur.

C'étaient deux romans que ces deux livres, et ils peuvent s'en vanter, deux amours de romans, deux véritables suavités ! Le premier dont je me régalai fut précisément le non recommandé, la *Confession de Claude*, une jolie prune de reine-Claude, en littérature ! Ah ! Monsieur, que cela était frais et que cela sentait bon ! C'était l'histoire d'une de ces demoiselles qu'on ne peut nommer que dans le patois, non de la *Famille*, mais de la cuisine *Benoîton*, et de ses amours avec un jeune drôle qui raffole de l'*idéal* au point de se fourrer le nez dans la boue pour le trouver mieux, et quand je dis dans la boue, je suis bien honnête... Figurez-vous, Monsieur, non le ver de *Ruy-Blas* amoureux d'une étoile (le ver est propret), mais un crapaud rêvant avec acharnement d'étoile et de *bleu* sur le sein de sa crapaude. — Car voilà la finesse et le tour ! sous ce prétexte d'azur, de lumière, de virginité adorée, mais inaccessible, on se permet les détails les plus dégoûtants qu'une plume réaliste ait écrits encore, et on brasse voluptueusement pendant trois cent vingt pages ce que Cambronne, plus concis, jetait en un seul mot à la tête de l'ennemi ! Et si ce n'avait été que cela, Monsieur, on aurait ri en se bouchant le nez, voilà tout ! Mais l'écrivain de ces choses charmantes n'était pas qu'un simple poète descriptif d'ordures lisérées d'azur, c'était aussi un moraliste, — un moraliste, dans ce temps de morale indépendante, — qui expliquait les amours ignobles de monsieur son héros par cette considération supérieure que les pères et les mères se donnent les torts de garder trop leurs enfants, et que les jeunes gens vont... où vous savez, parce qu'ils manquent de virginités à leur convenance, ces ardents et malheureux jeunes gens!!! Vous ne me croyez pas, Monsieur ? Vous vous imaginez que je me moque... ou que je calomnie ? Je m'en vais vous transcrire humblement les paroles textuelles du *Claude* de la maison Hachette Je les prends à la page 37, car elles commencent le livre, dont elles sont toute

l'idée : « Telle — dit-il — est la fatalité (sentez-
« vous, Monsieur, quelle tristesse!), il est rare
« que deux cœurs vierges se rencontrent. Tou-
« jours l'un d'eux n'a plus à donner son extase
« en *sa fleur*. Aujourd'hui, chacun de nous,
« jeunes gens de vingt ans qui sommes *avides*
« *d'aimer* (il appelle cela aimer! il se flatte), NE
« POUVANT BRISER LES GRILLES DES MAISONS HON-
« NÊTES (heureusement!), trouve plus simple de
« *s'adresser* à la porte ouverte des boudoirs
« (joli!) de *bas étage* (c'est plus simple, en effet).
« Lorsque nous demandons à *quelle épaule ap-*
« *puyer nos fronts, les pères cachent leurs filles*
« (ces gueux de pères!) et nous *poussent dans*
« *l'ombre des ruelles*. Ils nous *crient* (les inso-
« lents!) de respecter leurs enfants (voyez-vous
« cela?) qui doivent être un jour nos femmes
« (l'avenir peut ne jamais être!), et ils préfèrent
« à nos caresses *premières* les caresses apprises
« dans les mauvais lieux. »

Telle, Monsieur, cette première suavité.

La seconde, — d'un autre goût, d'une autre
nuance que la première, — la seconde : la *Cure
du docteur Pontalais*, diffère de l'aimable *Confession de Claude* comme le venimeux diffère de
l'infect. Dans la *Cure du docteur Pontalais*, le

crapaud aux besoins d'azur de l'aimable *Confession de Claude*, le rêveur sans culottes (il les vend dans ce roman trop déculotté) du *manteau de pourpre des rois d'Asie* (textuel), l'ogre de chair fraîche et de virginité qui vit, par amour de la pureté impossible, avec une fille de ruisseau, est remplacé par un philosophe à moitié médecin qui convertit un prêtre, le *cure* de sa foi, lui raccourcit sa soutane en blouse d'ouvrier, et l'envoie prêcher la philantropie en Amérique. Ceci, comme vous voyez, Monsieur, est moins agréablement polisson que le petit livre Hachette, mais pour les ennemis de l'Église catholique, c'est pour le moins aussi scélératement délicieux! Malheureusement, l'invention du livre ne répond pas à l'intention de son auteur. La *Cure du docteur Pontalais* n'est autre chose, en tout, depuis la première page jusqu'à la dernière, que du Christianisme renversé. L'auteur s'est contenté de retourner bout pour bout l'histoire ordinaire et glorieuse du prêtre chrétien, qui fait, lui, des chrétiens et des néophytes sans compter, et il fait faire un philosophe à un philosophe par une exception qui même n'en est pas une, car son abbé Aubert est aussi peu prêtre que le fameux bonnet du prédicateur italien était Voltaire quand il l'appelait Voltaire et qu'il le poussait d'arguments, et la conversion de l'abbé n'est pas plus difficile que la conversion du bonnet. C'est à peine, d'ailleurs, un homme, que cet abbé, et on ose dire que c'est un prêtre ! Dans ce livre, créé par le Christianisme en un cerveau qui ne penserait pas ses petites inventions contre le Christianisme sans nous, on nie les miracles des saints, et une femme qui ne croit ni au Saint-Esprit, ni au baptême, en fait un. Elle devient thaumaturge contre l'Église, comme l'Église l'est contre Satan. Et ce n'est pas tout ! la pauvreté d'invention de ce haineux stérile contre l'Église, et qui vit d'elle, est si grande, que sans la soustraction ratée de ses quatre petits Mortaras il n'aurait pas même eu l'idée d'une des scènes sur lesquelles il a le plus compté pour son succès, et que le pauvre diable nous doit encore !!

Je vous ai raconté mes deux livres, Monsieur, et vous comprenez à présent, n'est-ce pas? après ce récit, mon anxiété de critique qui me travaillait si douloureusement pendant que je les lisais !... Je me disais : Faut-il parler de cela? M'indigner de cela? Rire de cela? Mettre à cela encore une étiquette, comme si on n'en avait pas déjà mis assez ! Si les auteurs de ces sornettes malpropres ou impies avaient été célèbres, — car les auteurs célèbres se permettent parfois d'écrire des livres aussi mauvais que s'ils étaient obscurs, — célébrité oblige, et ce serait une lâcheté de ne pas montrer, salutaire exemple ! comment on compromet la gloire ou comment on la perd. Mais il n'en était pas ainsi pour les auteurs de mes volumes. Ils n'étaient encore que les bambins de la réclame, les nouveau-nés déposés au tour des journaux. Ils grouillaient dans la publicité, mais il ne la dominaient pas ; ils avaient encore sur eux l'ombre *inséparable* des premiers débuts. Devais-je leur tendre aussi la perche d'un article pour les faire un peu plus sortir de leur brume ? Dans ce temps où la publicité se moque du jugement, devais-je faire à ces messieurs ce plaisir d'une goutte de bruit de plus pour le plaisir qu'eux ne m'ont pas fait; car ils n'ont pas de talent, au fond, ces deux romanciers de la dernière heure ? Le faux Allemand de la *Cure Pontalais*, incorrect réellement comme s'il n'était pas Français, est blafard, effacé, douceâtre, transi et siropeux, quoique empoisonné et empoisonnant, et ma charmante prune de reine-Claude n'est guère qu'une compote de Théophile Gautier et d'Alfred de Musset, et encore une compote qui a trop trempoté dans ces bocauxlà! Devais-je me taire? Devais-je parler?... Fallait-il avaler ma reine-Claude en silence, et, comme Dieu qui vomit les tièdes, éructer le *Pontalais* dans mon coin en dévorant les *pouah!* de cette infortunée digestion?... Fallait-il leur octroyer à tous les deux l'éreintement qui *vaut toujours mieux que rien*, pour ces mangeurs de bruit, pour ces engoulevents de la publicité? Ou me destituer moi-même comme critique en ne parlant pas, entrer à la Trappe littéraire, et, pour jeter un livre aux oubliettes, que les autres n'y jetteront pas, m'y jeter le premier? Question éternelle qui revenait toujours! C'était celle même de la Critique, à cette heure, devant les livres imbéciles ou infects. Que fera-t-elle? Allez! Monsieur, je vous donne ma parole d'honneur qu'elle est terriblement embarrassée! J'ai posé la question avec vous, mais je ne l'ai pas résolue, et je n'ai pas, je vous assure, supprimé mon anxiété pour l'avenir parce que j'ai pris le parti de vous raconter l'inquiétude dont aujourd'hui j'ai tant souffert.

Agréez, etc.

30 décembre 1865.

L'AFFAIRE CLÉMENCEAU

PAR M. ALEXANDRE DUMAS FILS

I

M. Alexandre Dumas fils vient de faire un nouveau roman pour se reposer de ses drames, ou peut-être pour y ajouter. Dans ce temps si pauvre d'invention et... d'autre chose, on fait volontiers avec ses œuvres ce que le Gascon fait avec sa cravate, quand il n'en a pas de rechange, ce qui s'appelle même, je crois, la *lessive du Gascon*. Il la retourne. On retourne ses œuvres. On retourne en drame ce qu'on avait d'abord tourné en roman. Épargne d'un sujet pour les têtes stériles, et, grâce à la publicité sans pareille du Théâtre, pour le malheureux roman qui pourrissait silencieusement dans le cimetière d'une boutique d'éditeur, écus et brouhaha... Tout profit !

Tel fut le commencement, du reste, de la fortune littéraire de M. Dumas fils, maintenant parachevée. M. Alexandre Dumas fils, si on se le rappelle, n'est enfin sorti, après combien d'efforts et d'années? de dessous le nom de son père, que par sa fameuse *Dame aux camélias*, qui, roman, ne l'avait pas tiré de dessous ce nom écrasant, mais qui, drame, un soir, l'en tira. Le Racine *fils* du romantisme, plus heureux que l'autre, qui n'osa pas toucher aux tragédies, est arrivé au bruit par le drame, comme son père... Cela parut naturel et presque juste. En fait de théâtre, M. Alexandre Dumas fils est tellement né là dedans, il est tellement l'enfant de cette balle, et le théâtre de ces derniers temps doit tant à son père, que ce théâtre semblait comme tenu de le faire réussir. Il n'y a pas manqué.

Car M. Alexandre Dumas fils n'est, en somme (j'ai presque l'air d'écrire une naïveté), que le fils de son père. C'est M. Dumas père, mais rapetissé, froidi, durci, réfléchi, contracté, ressemblant et différent, semblable et contraire. C'est un Dumas, — non pas celui que d'aucuns appellent en riant le Grand Dumas, et qui auraient eu peut-être raison de le dire sans rire, s'il n'avait pas pris toutes ses facultés les unes après les autres et s'il ne les avait pas toutes jetées par les fenêtres, comme les riches y jettent quelquefois leur argent. C'est un Dumas qui n'est pas plus le Petit que l'autre n'est le Grand ; qui, lui, ne jette rien par les fenêtres, et qui ramasserait même ce que son père y jette, si les facultés se ramassaient comme des écus. M. Dumas fils est à monsieur son père ce que la recette est à la dépense, ce que Sully, par exemple, est au duc de Choiseul. Ce qui est drôle, renversant et renversé, c'est que Choiseul ait engendré Sully ! Dumas tous deux par l'absence de principes, de moralité littéraire, de philosophie supérieure, l'un, le père, *fut* l'inspiration, non pas la divine, non ! mais l'animale, la sensuelle, la physiologique, celle qui vient, comme la toison de nos poitrines, plus du tempérament que de la pensée, mais, après tout, l'inspiration spontanée et fougueuse, qui a fini, hélas ! par s'éteindre et se noyer dans la mer d'un verbiage immense admiré des sots, qui s'imaginent que le génie est une prodigieuse facilité. L'autre, le fils, est la réflexion volontaire, le parti pris, la combinaison cherchée et recherchée et pas toujours trouvée, comme aujourd'hui, l'esprit enfin qui ne s'éteindra jamais dans rien ; car pour s'éteindre il faut flamber, et on ne se noie point dans la sécheresse. Je pourrais, si je le voulais, suivre longtemps cette comparaison et ces contrastes entre le père et ce fils, le plus sage ouvrage de son père, qui peuvent dire tous deux plaisamment, l'un : « Je vous présente un fils qui est plus vieux que moi », et l'autre : « J'ai l'honneur de vous présenter un père bien jeune et dont la jeunesse inconséquente donne beaucoup de souci et d'inquiétude à la vieillesse de son fils ! »

Mais aujourd'hui, moi aussi, j'ai ma présentation à faire. Il faut que je vous présente l'*Affaire Clémenceau*.

II

Déjà les journaux en ont parlé comme d'une œuvre puissante, comme d'un livre qui *veut* être, maugrebleu ! quelque chose, et quelque chose de fièrement tortillé et retortillé encore ! A coup sûr, si la Critique indépendante n'intervenait pas au plus vite, M. Alexandre Dumas fils a un si grand crédit sur la place qu'on le croirait. On croirait à quelque fort ouvrage de ce robuste travailleur à froid... On se tromperait pourtant. Voyez plutôt ! Voici la donnée de ce livre qu'on nous donne pour fort. Un artiste amoureux épouse une jeune fille, et de cette race de *filles* qu'on souligne. Il est bientôt... tout ce que vous savez, sur toutes les coutures, Georges Dandin sterling qui, à force d'être *dandinisé*, a trois minutes d'Othello, tue sa femme, puis se constitue prisonnier ni plus ni moins que tous les portiers et chapeliers du monde dans le même cas qui croient ainsi sauver leurs têtes, et en attendant qu'on le juge, écrit son autobiographie pour servir de notes à son défenseur. C'est là tout. Rien de plus. Y a-t-il, au fond, idée plus commune et plus retour de Pontoise que cela ?...

Il est vrai que tous les jours une idée est commune et que le talent s'en empare et sait revêtir cette idée de détails grandioses ou charmants, qui la font disparaître comme disparaît le bois de la bobine sous le fil d'or qu'on peut enrouler à l'entour. Il est vrai aussi — et c'est là son excuse — que par cela même que M. Dumas fils est plus spécialement auteur dramatique il est forcément voué à l'idée commune, la seule qui réussit pleinement au Théâtre, et que de toutes les idées communes la plus sympathique à ce public de Sganarelles passés, présents ou futurs qui remplissent nos salles de spectacle, c'est l'idée du mari... trompé, ce double type, comique ou tragique, à volonté, pour le poète. La Critique pourrait donc admettre, même en l'admirant, l'idée commune, comme dans *César Birotteau,* par exemple, où elle est relevée par des détails tels qu'au lieu d'être une infériorité, elle devient un mérite de plus. D'un autre côté, la Critique pourrait admettre encore que si M. Alexandre Dumas fils n'avait pas cette puissance de détails qu'ont les grands inventeurs dans l'ordre du roman comme Balzac, il était bien capable, lui qui passe pour l'esprit le plus dramatique de notre temps quand il s'agit de mettre en œuvre une idée quelconque, lui qui fait de l'arrangement d'un drame une espèce de création, lui enfin l'orthopédiste dramatique qui redresse les enfants mal venus, mal bâtis, bossus ou bancroches, et qui dernièrement a failli faire de ce talent-là une industrie, de tailler quelque chose de grand, de profond et de nouveau dans l'idée commune de son roman que lui ont soufflée ses habitudes de théâtre, et de se rattraper de son impuissance radicale de romancier sur son habileté de grand poète dramatique, puisqu'on dit qu'il l'est...

Eh bien, c'est là ce qu'il n'a pas fait de cette fois. Je ne sais pas s'il pouvait le faire, mais je sais qu'il ne l'a pas fait. Le poète dramatique qui devait, au moins, se montrer, se prouver dans ce roman sans valeur de roman, ne s'est point attesté dans l'œuvre de M. Dumas. Au poète dramatique il faut des situations et des caractères, et des implications formidables entre ces caractères et ces situations. Tout l'art du drame est en cette ligne. Mais dans les livres que voici, où sont les situations et les caractères ?... Est-ce une situation, en effet, au sens dramatique, que la description d'un tête-à-tête qui dure tout le livre? que la bucolique de Fontainebleau? que le séjour à Rome? que la scène qu'on n'ose pas décrire, parce qu'elle n'est pas descriptible, qui précède le coup de couteau de la fin ? Et, pour les caractères, est-ce un caractère que M. Pierre Clémenceau, le sculpteur, le héros du livre, que j'écrirais Clément-*sot* pour le mieux nommer, si je ne craignais pas d'être désagréable à M. Dumas! Est-il possible d'être moins homme que cet homme qui a été chaste dans sa jeunesse, la force des forces pour qui connaît le cœur humain, et qui, après avoir été trompé, berné, humilié, trahi et raillé par sa femme dont il se sépare, en redevient l'amant une dernière fois, et pour s'achever se cocufie lui-même ; car de telles bassesses, de telles abjections rappellent les vieux mots bannis qui ne faisaient pas peur à nos ancêtres ! Est-ce un caractère que cette mère de Pierre Clémenceau, qui sait la femme de son enfant infidèle, avec des circonstances d'infidélité et d'infamie exceptionnelles, qui n'intervient pas entre le mari outragé et la femme outrageante, et qui meurt sans dire une seule fois à son fils qu'elle adore : « Tu es trahi ! tu es ridicule ! tu es déshonoré ! prends garde à toi ! » Est-ce un caractère que l'officier Constantin Ritz, l'ami de Pierre, l'ami brusque, cruel, dévoué, qui par dévouement est cruel, qui dit tout, nomme les choses par leurs noms les plus affreux, opère les cataractes atrocement avec la pointe de son sabre, et qui, après avoir montré la solidité de l'acier qui coupe, s'en va aussi crouler comme une fange dans le lit de la prostituée qu'il méprise ?... Est-ce enfin (car les voilà tous), est-ce enfin et cela peut-il s'appeler un caractère, que cette Iza, épousée pour sa beauté seule par cet homme chaste et réfléchi dont elle fait, en un tour de reins, une marionnette voluptueuse, le Polichinelle de l'amour ?... Est-ce que ce n'est pas toujours ce vieux type trop peu compliqué, trop odieusement simple de la *fille*, pour qu'un inventeur dramatique de quelque profondeur en veuille encore?... La *fille* et la mère de la *fille !!* Est-ce que M. Dumas fils, qui rumine ces drôlesses-là un peu trop, à la fin, ne les a pas usées pour son propre compte à la scène dans la *Dame aux Camélias*, dans le *Demi-monde* et partout! comme s'il n'y avait pas d'autres femmes à observer que ces coquines qui envahissent — je le sais bien ! — le xix° siècle, mais qui, au point où nous en sommes, devraient envahir un peu moins les œuvres des observateurs qui, portant leurs regards loin et haut, après avoir observé veulent conclure, et croient, sous l'artiste, cacher des penseurs?

III

En effet, ne nous y trompons pas! c'est penseur que M. Alexandre Dumas voudrait être. Ce n'est pas auteur dramatique. Il l'est et il croit l'être, et le plus carabiné, le plus *rayé* de tous. Il est bien tranquille à cet égard. Ce n'est pas romancier non plus... quoiqu'il s'efforce au roman. Non! c'est penseur. C'est par là qu'il se rêve et qu'il se désire. Penseur! c'est là l'ombilic qu'il regarde. Voilà sa vie. Voilà l'utopie de son amour-propre. Il aime les idées et les suit dans ses livres, comme on suit les femmes dans la rue, bien souvent sans les attraper ! Ah ! je ne m'étonne nullement, à cette heure, qu'il ait été lié avec M. de Girardin, l'homme d'une idée *par jour*, qui, lui, plus heureux, les attrape. Il y a dans ces deux esprits des sympathies d'idéologues, et ce n'est pas l'amour des choses dramatiques qui les avait fait travailler au même drame, c'était l'amour de l'idée que le drame exprimait, c'était l'éducation du public, c'était la commune ambition de moraliste et de législateur. Dans l'*Affaire Clémenceau* d'aujourd'hui, il y a tout un côté Girardin qui touchera probablement jusqu'aux larmes l'homme avec qui M. Alexandre Dumas fils s'est brouillé pour cause de paternité partagée... et qui le ramènera peut-être à M. Dumas fils, en vertu d'un attendrissement intellectuel et généreux. La question de la bâtardise, la possession d'état de l'enfant naturel, la position que doit faire la législation à la fille-mère, toutes ces questions sont touchées dans l'*Affaire Clémenceau* avec une curiosité enfantino-frémissante, et, quoiqu'elles n'y soient pas résolues, quoiqu'elles n'y soient agitées que comme l'enfant agite la boîte où il a mis des scarabées et qu'il colle contre son oreille pour les entendre qui remuent, on sent que la partie de son livre que M. Dumas fils estime davantage, c'est le remuement de ces questions.

Du reste, ce côté inattendu et révélé dans le nouveau roman de M. Alexandre Dumas fils, ne l'a pas empêché cependant de rester parfaitement le fils de son père, même à propos de cette question du bâtard qui s'étend sous les pieds de tout dans son livre et qui en est comme le sous-sol. Pour qui se rappelle Antony, il est évident que Pierre Clémenceau est de la même race, avec les différences de tempérament et d'années qui séparent M. Alexandre Dumas père de M. Alexandre Dumas fils. Où, en effet, Antony poussait un cri de révolte contre un état de l'opinion dont on ne souffrait plus grand'chose déjà de son temps, Pierre Clémenceau écrit, du nôtre, des fragments de traité contre cet état entièrement assourdi et apaisé de l'opinion dont on ne souffre plus du tout, et cela seul suffirait, il faut bien le dire, pour donner au roman de M. Dumas fils quelque chose de vieux, d'arriéré, de déclamatoire et de faux. Mais si vous ajoutez à la fausseté de vue du penseur qui s'estime trop, la fausseté de l'impression de l'artiste qui ne sent pas juste, vous arrivez à des résultats plus que superbes de fausseté et de déclamation. Telle est l'histoire de cette *Affaire Clémenceau*.

Comme tous les écrivains qui ne sont que des volontaires, M. Dumas fils manque de naturel et de vérité. Il a, si vous voulez, une certaine force de métier, mais il n'en a jamais assez pour rentrer, par le fait de cette force, dans le naturel de la vie. Le croiriez-vous jamais de cet homme de sobriété de manière et d'impitoyabilité d'observation, disent ses amis? au xixe siècle, en l'an de grâce 1866, M. Dumas fils, qui lave, brosse et vernit ses moindres petits mots avant de les risquer dans la circulation, tutoie le printemps et la nature et leur parle comme si c'étaient des personnes! Il se *fait* enfin une *tête* de Jean-Jacques à mettre dans un cerisier pour épouvanter les oiseaux! Personne, pas même eux, ne pourrait être dupe d'un si enragé maquillage, et c'est là surtout ce qui doit déconsidérer le plus profondément aujourd'hui M. Dumas comme romancier. — L'immoralité des tableaux est une fière chance de succès, sans doute, mais la déclamation rend tout insupportable, même le vice, pour les vicieux qui l'aiment. Or, puisque nous cherchons à prévoir quelle doit être la destinée de ce livre, c'est là-dessus que nous voulons compter !

4 juillet 1866.

M. HENRI ROCHEFORT[1]

I

M. Henri Rochefort est un des plus beaux fils de cette Chronique que j'accusais l'autre jour d'être un genre mortel à la littérature et au talent, et qui, comme la Révolution française, comparée par Vergniaud à Saturne, doit dévorer tous ses enfants. La Chronique ne coupera point la tête aux siens, comme la Révolution française, mais elle leur videra le cerveau.

Eh bien, je regretterais beaucoup, j'ose le dire, celui de M. Henri Rochefort, si, dans un temps donné, la Chronique, cette Jourdan *vide-tête*, allait nous en priver. Je regretterais beau-

---

[1] *Les Français de la décadence.*

coup de voir tant d'excellente substance cérébrale employée tout entière à faire les bulles de savon du jour le jour si recherchées des amateurs, quoique, chez M. Rochefort, par exception, les bulles de savon soient moins bulles que balles, — et balles visées juste et mises très bien en pleine tête (s'ils en ont) des petits ridicules contemporains. Les bulles de ce singulier faiseur n'ont rien d'aérien, d'onduleux, de coloré, d'arc-en-ciel*esque* et de fragile. Comme les balles, elles sont dures, rapides, cassant tout très net sur leur passage, et le chalumeau d'où elles sortent ressemble beaucoup au tube de fer d'un pistolet... M. Henri Rochefort a dans l'esprit les qualités de son nom, qui exprime deux fois la force. Mais il n'est pas de force qui ne puisse s'énerver, et Dalila, de sa main flatteuse, *rasa* Samson, comme l'eût fait le plus malin et le plus habile Figaro. C'est cette force que je voudrais sauver... Il y a du Chamfort dans M. Rochefort. M. Rochefort est un Chamfort jeune, qui n'a pas encore l'âge d'être un misanthrope, amer, empoisonné, *brisé* et *bronzé*, et blessé, et jetant son sang à poignées à la tête d'une société haïe, mais qui le deviendra, pour peu qu'il vive. Lisez son livre d'aujourd'hui, et voyez si déjà, dans ce jeune homme d'hier, il

'y a pas assez de pénétration, assez de profon-
eur prématurée, assez de mépris admirablement
xprimé, pour arriver très vite à cet état de
âme dont les hommes ont fait une fatalité : —
a Misanthropie. Et tant mieux! du reste, puis-
ue son talent y gagnera. Oh! le talent! Je ne
ais qu'une définition du talent qui me satis-
asse : C'est un tas de coups reçus dans le
œur !

II

Excepté le livre qu'il publie, j'ignore à peu
près tout de M. Rochefort, et ce livre est fait
avec les chroniques du *Figaro* qui, du matin
au soir, l'ont classé. Avant cela, il avait essayé,
je crois, du *Charivari* et du Théâtre. Il avait
ainsi tâté l'eau de la publicité. Il avait essayé du
rire, du rire à large fente, et il s'en est fait un
comme à la scène *on se fait une tête;* car naturellement, si j'en crois le livre que j'ai sous les
yeux, il n'est pas un esprit gai, il n'a pas la
promptitude, et la sveltesse, et le pétillement, et
la couleur rose qui font ce qu'on appelle la Gaieté,
du moins comme on l'entend en France, le seul
pays où on la comprenne, M. Rochefort a d'autres

dons, que je lui reconnais. Il n'a point celui-là. Il peut être comique, — il l'est parfois, — mais gai, jamais ; car je demande en grâce à ceux qui me lisent de ne pas confondre le comique avec la gaieté! Le comique, c'est la gaieté réfléchie. Il y a un comique la mine grave, les sourcils froncés, et peut-être est-ce le meilleur de tous. Molière, le sérieux, le pensif et mélancolique Molière, n'est pas gai, en ses sublimes comédies, et il n'est pas moins le plus grand comique qui soit dans les littératures du monde connu. Pascal, bien autrement triste que Molière, Pascal, le janséniste rechigné, l'inquiet, l'épouvanté, le hagard Pascal, qui, certainement, n'a pas ri une seule fois dans sa vie tourmentée, a donné en ses *Provinciales* un exemple d'impayable comique que Molière aurait pu admirer... Les esprits les plus gais qu'on ait vus, au contraire, ont parfois manqué de comique. Je ne veux point parler de notre grand Rabelais, qu'il ne faut mettre à côté de personne tant il est au-dessus de tous, et qui a le comique et la gaieté en des proportions égales et immenses. Mais Regnard, que nous crûmes longtemps un second Molière, parce que nous prenions son rire pour le nôtre, Regnard est bien moins comique qu'il n'est gai. Voltaire, qui riait de tout, et de quel rire ! n'a pas pu faire une comédie, même de second ordre, et Beaumarchais, avec les deux chefs-d'œuvre de légèreté dont il orna le Théâtre et le troisième (ses *Mémoires*) dont il orna la Littérature, eut tout son génie en gaieté, dans la plus vraie et la plus vive acception du mot, — et ni la satire politique qu'il aiguisait, de toutes les satires la plus cruelle, ni le craquement d'un monde qui s'en venait bas et dont il précipita, lui aussi, la chute, ni ce monde tombé à la fin, ni un monde nouveau qui s'est élevé, ni le temps qui fait guenille de tout et qui a passé sur ses œuvres légères, rien n'a eu pouvoir de flétrissure sur cette gaieté, inaltérablement charmante ! Rabelais, Regnard, Voltaire, Beaumarchais ! ce n'est pas de cette lignée d'esprits que descend l'auteur des *Français de la décadence*, mais s'il n'est pas leur descendant, s'il est apparenté à d'autres, il est cependant trop du même pays pour ne pas savoir quelle force la plaisanterie donne à la pensée, et quelle fortune c'est pour un homme que de la manier avec supériorité. Et voilà pourquoi, dans son livre d'aujourd'hui, il s'est forgé une plaisanterie qu'un esprit gai, quoique de moindre valeur que le sien peut-être par l'observation et même par la force comique, aurait trouvée, pour ainsi dire, à fleur de peau des choses, — sans tant la chercher !

Or, cette plaisanterie, qui n'est pas le fond du livre de M. Henri Rochefort, mais sa forme, je me permettrai de la décrire et de l'examiner ; car la forme d'un livre quelconque, fût-ce l'*Esprit des Lois* ou le *Traité du Prince*, est plus importante que le fond, malgré tous les pédants qui le nient ou qui pourraient le nier. Le *Traité du Prince* et l'*Esprit des Lois*, dépassés, jugés, presque méprisés dans leur fond à cette heure, grâce à notre éducation et à notre expérience politiques, sont encore vivants par leur forme, qui, si elle n'est pas immortelle, mettra du moins plus de temps à mourir... Et s'il en est ainsi pour les œuvres de Machiavel et de Montesquieu qui eurent leur jour de nouveauté et de profondeur dans la pensée, à plus forte raison pour un livre inférieur à ceux-là, pour un recueil écrit au jour le jour d'observations piquantes, — je le veux bien ! — mais éphémères, sur les grimaces les plus extérieures d'une société qui s'en sera allée où s'en vont les vieilles lunes et toutes les grimaces, — pas plus tard que demain matin !

III

En effet, ces observations, que M. H. Rochefort, victime des exigences de la Chronique, nous donne trop en petits paquets, que seraient-elles, je vous le demande! sans la plaisanterie qui les accompagne et sans son sel ranimant et conservateur ?... Eh bien, cette plaisanterie, qui est, en fin de compte, tout le livre de M. Rochefort, cette plaisanterie qui pourrait être originale et appartenir au tour d'esprit de l'écrivain, cette plaisanterie qui n'est pas française, puisqu'elle n'est pas gaie, il me semble que j'en connais l'accent et qu'ailleurs je l'ai entendue... Tenez! vous rappelez-vous ce *clown* anglais qui jouait la pantomime au Cirque, il y a seulement quelques années?... Il était supérieur, ce *clown!* Le revoyez-vous par le souvenir, avec sa face immobile et pâle, — sa face de craie, glacée et figée, — son geste précis et coupant, — tout à la fois bouffon et sinistre ?... Il a longtemps représenté pour moi la plaisanterie anglaise dans son idéal le plus profond et le mieux réalisé, et voilà qu'aujourd'hui le livre de M. Rochefort me le rappelle. C'est que la plaisanterie de M. Rochefort est anglaise. Pourquoi, d'ailleurs, ne le serait-elle pas ?... Je ne crois point à la théorie rabougrissante de M. Taine sur les milieux et sur les climatures. Le prince de Ligne, le plus Français des hommes par le génie, était Belge ; pourquoi la plaisanterie de M. Henri Rochefort, qui est parfaitement Français, ne serait-elle pas anglaise ? Or, elle l'est... Quant à moi, je lui reconnais toutes les qualités de la plaisanterie anglaise la plus formidable, — et la sécheresse aristocratique (mon Dieu, oui ! aristocratique, monsieur de Rochefort, qui, m'a-t-on dit, êtes un démocrate !), et la crudité brusque, et l'atrocité dans l'ironie, et la morsure que l'on refait dans la morsure, et, par-dessus tout, la chose la plus profondément et la plus essentiellement anglaise, je veux dire l'exagération qui va jusqu'à l'impossible et l'extravagant dans la pensée, avec le froid qui contracte, le froid le plus glacé dans l'expression.

Mais ici, pour être compris, un exemple de cela est nécessaire. Il y a un passage dans son livre où l'auteur des *Français de la décadence* se moque, comme il sait se moquer (à tort ou à raison, ce n'est pas la question), des percements de rue qui ont lieu à Paris en ce moment, et pour exprimer les ironiques inquiétudes que lui causent tous ces percements de rues nouvelles (page 290 et suivantes), non seulement il parle avec effroi d'une rue qui traverserait les tableaux du Titien et de Raphaël, les *Noces de Cana* et la *Belle Jardinière*, lesquels sont actuellement au Louvre, mais encore d'une « autre rue qui traverserait à son tour, d'outre en outre, les deux pots de réséda posés sur sa fenêtre, et qui continuerait jusqu'à son lit de plumes, en passant sur sa table de nuit ». Et ce n'est pas là tout encore que ces prodigieuses hyperboles ! M. Rochefort ajoute « qu'il va céder sa femme à l'État, parce qu'elle peut être coupée en deux par une rue nouvelle ». Ce genre de raillerie qui touche au froid par son énormité même, ces *hoax* à la Swift débités avec l'impassibilité et le sérieux d'un Anglais convaincu et qu'écrit M. Rochefort dans une phrase qui ressemble à un visage où pas un muscle ne bouge, donnent toute la manière habituelle au spirituel écrivain ; mais anglaise. Je l'ai vue pourtant aussi ailleurs qu'en Angleterre. Je l'ai vue étaler son énormité dans les pages joyeuses du *Tintamarre*, où M. Rochefort, je le dis au hasard, mais je ne le dis pas pour ravaler son talent, certes ! pourrait bien avoir collaboré. Le *Tintamarre* est un journal plein de hardiesse et d'originalité, qui porte et qui ne cache pas, car il le montre assez, beaucoup de bon sens, du meilleur bon sens français, sous son chapeau de fou à sonnettes. Mais chez les moqueurs du *Tintamarre*, il y a la gaieté et le comique rabelaisiens, appliqués au xix° siècle. Au *Tintamarre*, ce sont les Bacchanales de l'esprit français dans sa verve la plus échevelée. Il y a là quelque chose d'enivré, de chaud et d'aimablement fou dans la forme qui n'est pas en M. Rochefort, au talent, pour moi, trop frappé de glace. Le vin de Champagne est meilleur quand il est glacé, mais il ne faut pas que les glaçons tombent du goulot de la bouteille. Il aurait perdu son parfum...

IV

Telle est la plaisanterie de M. H. Rochefort. On conviendra que si elle manque de chaleur et trop souvent de variété, elle ne manque point de puissance. Qui sait? elle en a peut-être d'autant plus qu'elle tranche davantage sur notre plaisanterie française et qu'en France on aime l'accent, le ton, l'air étranger... Acéré d'ailleurs, et acéré avant tout, aiguisé sur les quatre côtés de sa lame, dès les premiers mots qu'écrivit le talent vibrant de M. Rochefort quand il débuta dans la Chronique, on reconnut le petit sifflement de l'acier ou de la cravache dans la main qui les prend et qui sait s'en servir. On sentit que ce chroniqueur qui débarquait dans le commérage n'était pas une commère, mais un compère, qui pourrait bien faire de la Chronique une polémique et pratiquer une bonne trouée dans les choses du temps. Aussi, M. Rochefort, ignoré de la veille, n'attendit pas son succès, en piétinant, comme tant d'autres, avec des pieds ardents, et il l'eut tout de suite, comme s'il ne le méritait pas ! Cette trouée dans les choses du temps, il la fit bravement. Je sais bien que l'*Histoire des Français de la décadence* est un titre plus grand que le livre qui ose le porter, mais en somme il y a dans ce livre un *aigu* de regard et un *nerveux* de poignet que rien n'a faussé ni fait faiblir. Il y a, sous la pantomime, fort bien exécutée, de ces coups de cravache impitoyablement et froidement appliqués à toutes les vanités et les avidités ambiantes, par ce jeune chroniqueur qui ne se contente pas de raconter, mais qui châtie, un *faire* de moraliste en germe, de moraliste pour plus tard. Car on n'a pas encore, je le crains bien, sa valise de moraliste complètement faite pour les expéditions morales. Son outillage est imparfait...

Y ajoutera-t-il ? L'*Histoire des Français de la décadence* deviendra-t-elle l'égale de son titre ?... Le Tallemant des Réaux de la Chronique, qui a su ajouter le fouet à sa lorgnette, deviendra-t-il le moraliste que je voudrais ? La Chronique le permettra-t-elle ? La Chronique, cette Armide du Journalisme pour les jeunes esprits qu'elle amollit, retiendra-t-elle et dépensera-t-elle à son service stérile de poste aux lettres cette force vive que je vois en M. Rochefort ? Pulvérisera-t-elle cet esprit ? Le pervertira-t-elle ? Le réduira-t-elle en atômes dispersés en cancans autour d'elle chaque matin ?... Armide ! Qu'est-ce donc que j'écris là ! Je suis bien bon de l'appeler Armide, cette méchante fée de la Chronique, qui prend les plus belles facultés et qui les broie dans son petit moulin à phrases et à paroles, lequel tourne, tourne, sans jamais s'arrêter ! Ah ! la Chronique ! l'esprit de Voltaire lui-même, l'homme pourtant le mieux organisé pour elle, avec son activité aux cent plumes, ne pourrait pas y résister.

1866.

LES FAUX-NEZ LITTÉRAIRES

I

Il y en a, et même en voici un !

Si c'était un masque, au moins, un masque tout entier, immobile, hermétiquement fermé, désespérant pour la curiosité qu'il excite, je le comprendrais ! Je le comprendrais, malgré son inutilité ; car tout masque est bientôt percé à jour, traversé du dehors au dedans, ou du dedans au dehors, et dans l'histoire de ceux qui furent fameux je n'en connais que deux qui soient restés impénétrables : le *Masque de fer* politique, sans aucun nom, sous Louis XIV, et l'autre, masque littéraire, de fer aussi, qui s'appela *Junius*, sous Georges III. Mais les faux-nez... Pauvres mystères ! Quelle piètre ressource ! Les faux-nez qui ne déguisent rien, qui enlaidissent et rendent seulement grotesque, je demande quelle en est la nécessité ! Mystifier pendant une heure au bal masqué, en carnaval, fût-ce au prix de cette chose ridicule d'un faux-nez, je peux l'admettre encore, mais en littérature ! En littérature, à quoi bon ? Et surtout quand après l'avoir mis, on l'ôte, et qu'on se promène au frontispice de son livre son nez à la main !

Tel le cas aujourd'hui pour M. Taine, qui a intitulé le nouveau livre qu'il publie : *Vie et Opinions de M. Frédéric Thomas Graindorge, recueillies par M. H. Taine*, comme, il y a près de quarante ans, M. Sainte-Beuve intitulait un des siens : *Vie et poésies de Joseph Delorme, recueillis et publiées par M. Sainte-Beuve*. Or, il y a quarante ans, ce n'était pas là un procédé nouveau, ce n'était pas même une recherche d'originalité que cette invention de M. Sainte-Beuve, qui ne l'avait pas inventée. Beaucoup avant lui avaient eu l'idée de cet ingénieux cartonnage : Chatterton, Macpherson, Voltaire et bien d'autres, l'avaient employé, et c'était déjà — le mot manque de noblesse mais non d'exactitude — une rengaine littéraire que cette gaine, il y a quarante ans !

Et je ne fais point ici de la chicane par mauvaise humeur ou par parti pris. Je fais simplement de la Critique littéraire. Littérairement, en effet, c'est de l'originalité à trop bon marché, c'est du piquant par trop facile à obtenir, que de mettre des observations personnelles qui n'étonneraient personne venant de vous, par exemple, Monsieur Taine, dont nous connaissons d'ailleurs à l'avance les manières de regarder, sous le nom et sous le personnage de *M. Frédéric-Thomas Graindorge, docteur en philosophie de l'Université d'Iéna, principal associé commanditaire de la maison Graindorge and C° (huiles et porc salé, à Cincinnati, États-Unis d'Amérique).* Permettez-moi de vous le dire, Monsieur : si le frappant de votre livre n'est que dans le contraste des idées qu'il exprime et du genre de métier de celui qui est censé l'avoir écrit, je vous plains de n'avoir que cela à nous offrir, et si réellement il est dans les idées mêmes qu'il renferme, je vous plains encore d'avoir gâté votre camée par ce nez de marchand de cochons que vous vous êtes si burlesquement appliqué !

II

Mais M. Taine, que je ne veux pas calomnier, certes ! n'est pas probablement aussi superficiel qu'on pourrait se le figurer. Il ne s'est pas transmué volontairement en ce M. Frédéric-Thomas Graindorge, philosophe d'une part et de l'autre, dans le porc salé et dans les huiles, pour faire une antithèse entre la philosophie et les huiles et le porc salé, — malhonnête ou pour l'huile et le porc salé, ou pour la philosophie, on ne sait pas lequel des deux. Il n'a pas même cédé, en se campant dans les huiles, à l'idée que Platon en avait vendu, et en choisissant le porc salé, à ce vieil amour du cochon — le seul rapport qu'il aura jamais avec saint Antoine — qu'il a montré un jour, quand, dans son *Voyage des Pyrénées*, il nous peignit de jeunes porcs, gras et roses, comme s'il avait peint des Amours ! Il ne s'agit pas de plaisanter. Soyons sûr qu'en se donnant pour un marchand de porc salé, M. H. Taine a cédé à des considérations moins sentimentales et plus graves. M. Taine est un de ces matérialistes des derniers temps qui se sont renouvelés sous le nom de positivistes. Il en est un des plus nets, des plus affirmatifs, des plus absolus, et ce qu'il a voulu faire dans son livre, c'est du Matérialisme sur toute la ligne. Il a voulu appliquer brutalement à tout la visée matérialiste, et, artiste comme il est philosophe, tout de même qu'il est du matérialisme le plus rude et le plus carré dans le fond il l'a été du plus cru dans la forme, et ça été pour lui la coquetterie, l'art suprême du Matérialisme que sa crudité.

Si le porc salé est un commerce qui ait été choisi par M. Taine, croyez qu'il ne l'a été que dans un but d'art, d'impression, d'enseignement... Stendhal, qui eut aussi tout le temps qu'il vécut la manie des faux-nez littéraires, et qui en avait chez lui, sur une étagère, toute une collection, Stendhal, qui est à M. Taine ce que Lola-Montès pourrait être à Miss Ada Menken, Stendhal s'était quelquefois appelé : « Cotonnet », une manière à lui de faire croire qu'il *faisait* dans les cotons. Mais le porc salé paraît, à juste titre, un commerce plus matériel, plus hardi, plus affirmatif, et qui vaut mieux que le coton de cela *seul* qui est le porc salé. Malheureusement pour un homme de la crudité artistisque de M. Taine et de son *osé* dans l'expression de ses idées, il y avait mieux encore que le marchand de cochons avec sel ou sans sel, et la Critique est obligée de le lui indiquer : il y avait le marchand de poudrette, qui s'affirme bien autrement que le cochonnier. Il y avait la fortune à faire de son Frédéric-Thomas Graindorge dans une maison Richer quelconque de

4.

Cincinnati, le commerce de la vidange étant, j'imagine, le plus fièrement matérialiste de tous les commerces, et c'eût été bien plus éloquent, bien plus audacieux, bien plus raffiné que le porc salé, sur la couverture de son volume.

Et ne riez pas, messieurs les délicats absurdes ! Puisque tout se réduit dans le monde créé à quelque gaz, est-ce que le dégoût peut exister pour un matérialiste robuste ?... Seulement, nous n'avons pour l'heure à vous offrir modestement que ce que nous offre M. Taine, qui, pour faire bomber davantage les idées vraies et les faire mieux voir aux myopes et aux badauds, ne leur a donné pour repoussoir, excusez du peu ! que la caboche d'un marchand de cochons. Ce qui les sale probablement davantage, ces idées, comme lui-même il salait ses porcs !

Ainsi, sachons lui en tenir compte pour être justes, M. Taine a cru rendre la vérité plus puissante aux regards des nobles esprits faits pour elle en l'incarnant bravement dans un marchand d'huile et de cochons qui a fait sa fortune ; car il faut avoir de rigueur fait sa fortune pour, dans ce lâche monde du succès, être de quelque secours à la vérité méconnue. Eh bien, il n'y a rien à dire à cela, s'il n'y avait que cela, mais il y a autre chose ! Ce n'est pas tout! Non! ce n'est pas tout pour le placement et l'agrément de cette pauvre diablesse de vérité que d'être, selon M. Taine, un glorieux porcher retiré dans son fromage, non de Hollande, mais de cochon, de quatre-vingt mille livres de rentes, il faut aussi — et ici j'avoue que je ne comprends plus si bien — que ledit porcher ait de plus cinquante-cinq ans et une bonne maladie de foie. Pourquoi cela ? D'aucuns diraient pour voir plus jaune; mais M. Taine dit : pour voir plus clair !... Cela accepté comme inexplicable, le livre est curieux, mais curieux comme une idiosyncrasie. Or, c'est justement parce qu'il n'est qu'une simple idiosyncrasie que j'ai le droit de m'en défier. C'est justement parce qu'il n'est rien de plus que le décalque des impressions d'un homme enfermé dans des conditions très bornées d'âge et de maladie qu'il manque de tout grand caractère philosophique et absolu. Je n'ai plus là que les impressions d'un Alceste !... Il n'y a plus là devant moi qu'un personnage romanesque plus ou moins logiquement constitué, ou derrière le faux-nez du marchand de cochons, qui ne trompe personne, le nez mal dissimulé de M. Taine, que j'aimerais mieux voir, du reste, dans la pureté de sa ligne et dans sa vérité.

Et d'autant plus que je le connais, ce nez, et qu'il me plaît, quoiqu'il ne flaire pas toujours les choses que j'adore! Je l'ai trouvé souvent spirituel. Quand il m'apparut pour la première fois, ce fut en forme de sifflet, dans les *Philosophes français*, et c'est alors qu'il me fit entendre des bruits de clef forée que je n'ai jamais oubliés... Depuis, je l'ai revu souvent, mais il m'a rappelé parfois — qui sait? peut-être trop! — bien des nez de ma connaissance...

Et d'abord le nez de Chamfort, ce nez misanthrope qui décomposait les odeurs sociales, en les respirant. Puis celui de Stendhal, ce nez très sec et très subtil, que Stendhal entortillait dans trente-six mouchoirs de poche pour qu'on ne le reconnût pas, ce nez compromettant! car du temps de Stendhal l'athéisme net, l'impiété franche, le Matérialisme à brûle-pourpoint et toutes voiles dehors, avaient de légers inconvénients encore... Et enfin, le nez de M. Mérimée, qui n'est lui-même que le profil fuyant de Stendhal. Pour quelqu'un qui se connaît en nez intellectuels, celui de M. Taine n'avait pas, il est vrai, les diplomatiques prudences et les hautaines manières de se détourner du nez de M. Mérimée; il n'avait pas non plus la trempe sèche, l'arête suraiguisée, le fil du rasoir anglais du nez de Stendhal ; mais il était plus jeune et plus chaud, moins pénétrant et moins fin, mais plus confiant, plus ouvert, respirant et aspirant plus fort et plus gros les choses qu'il aspire et respire, et ce n'est pas grande merveille, cela, du reste, dans un temps où le Matérialisme coule tranquillement à pleins bords comme un Meschacébé d'ordures dans lequel nous pouvons, sans inconvénient d'aucune sorte, plonger et vautrer, tant que nous voudrons, nos museaux !

III

Donc, M. Taine suffisait amplement seul à la besogne qu'il a entreprise en écrivant son *Graindorge*. Que voulait-il faire, en effet ? Nous donner ses impressions personnelles sur les choses de la vie et de la société, et de la société particulièrement française et parisienne ; faire le moraliste à sa façon, le moraliste matérialiste de cette dernière heure, l'Helvétius, coupé de Duclos, du système Littré. Assurément, ce n'est pas cela qui m'intéresse dans le livre de M. Taine, mais ce sont des détails charmants qui surnagent sur cette surface d'erreurs, ce sont des vérités d'observation prise au vol et qui sont comme des impertinences dont je lui sais gré pour la prétention à la vérité d'ensemble qu'affecte le livre, par le fond... C'est M. Taine, enfin, c'est-à-dire les observations personnelles à M. Taine, et non les observations personnelles au faux-nez qu'il a pris, qui m'intéressent dans ce livre de M. Taine. Il ne s'agit là ni d'huile, ni de porc salé. M. Taine, qui veut faire de l'*objectif* contre son *subjectif*, parce que cela est bien plus matérialiste comme cela, n'est jamais, sous son faux-nez, que M. Taine. Quand il parle des frivolités et des inanités de la Parisienne, par exemple, je trouve la bile de ce marchand de porc salé malade un peu bien douce, et je reconnais M. Taine, un philosophe, un normalien, un professeur, mais qui meurt de chagrin de n'être pas un dandy, et vous ne savez pas, vous ne saurez jamais combien cela me touche !

Comme son ami M. About, M. Taine fait tout ce qu'il peut pour s'en donner l'air. Cela me ferait, à tous les deux, pardonner bien des choses : à M. About, sa gamine haine de Rome ; à M. Taine, sa philosophie. Tous deux, ces deux hommes élevés pour être des pédants de pied en cap, ont dans l'esprit cette idée fixe que la légèreté spirituelle est le premier des dons intellectuels, la plus forte des Grâces, qui sont toutes des forces, puisqu'elles sont des Grâces... et pour cette idée-là, je pardonnerais, je crois, au plus pauvre homme, le crime irrémissible d'être lourd. Est-ce qu'une intention ne suffit pas pour le ciel ?...

M. Taine, ce galérien d'un boulet creux, — le professorat de l'Esthétique, — n'aspire, au fond, qu'à une chose pour laquelle il est mieux fait puisqu'il l'aime : la gloire d'un observateur de salon. C'est pour cela qu'il est allé d'emblée à la *Vie Parisienne*, ce journal dandy qui ne sent pas l'encre, mais le citron des ongles de ses rédacteurs, — des tigres, qui se font leurs griffes au citron ! Les plus charmants chapitres du *Graindorge* ont été écrits pour ce journal, les plus charmants, dont je vais vous donner la nomenclature : la *Jeune Première*, le *Jeune Premier*, la *Conversation*, la *Société*, et : *A l'Ambassade*, que je ne me rappelle pas avoir lu dans la *Vie Parisienne*, mais qui, s'il y a manqué, était digne d'y être, un des plus excellents et des plus exceptionnellement gais chapitres du livre présent de M. Taine ; car ce persifleur n'est pas souvent gai, mais quand il l'est, il faut mettre un ruban à deux boutonnières : à la sienne et à la vôtre, — c'est également fête pour tous les deux !

Oui ! c'est M. Taine que ce Graindorge, et pas un autre que M. Taine, en révolte, une bonne fois enfin, contre l'éducation et les habitudes de toute sa vie, et pas assez encore ; car le philosophe est sous l'observateur homme du monde, qui compte les linéaments d'un point d'Angleterre d'une main aussi passionnée, mais plus légère, que celle de Tartufe :

On travaille aujourd'hui d'un art miraculeux !

le philosophe, dont je ne dirai jamais assez de mal, et qui n'est, croyez-le bien ! qu'une annexion à M. Taine. Naturellement positif, mais non positiviste, qui est une dépravation réfléchie du sens positif, M. Taine était, d'essence, trop spirituel pour n'être pas spiritualiste. Mais les détestables écoles ont gâté en lui profondément tout cela. Elles ont créé l'esprit systématique, le théoricien, le professeur et le moraliste du progrès en recul qui, après dix-huit cents ans de Christianisme, ne nous découvre en morale que le sensualisme mêlé de stoïcisme, quelque chose comme Épicure, zébré de Zenon !

Elles ont créé le physiologiste grossier, qui croit que la beauté limpide des yeux qui entrent le plus amoureusement dans l'âme, s'obtient en mangeant des côtelettes ! Elles ont créé le profond penseur, qui ne voit que le triomphe légitime de la brutalité du fait raccourci, immédiat, visible, l'écrasement du nez — et du vrai nez — sous le coup de poing physique de la plus bête réalité ! Et véritablement, c'est dommage ! M. Taine, pour qui se rend compte de sa personnalité, était né pour mieux que pour cela. Les chapitres que j'ai cités de son livre actuel le démontrent également et par ce qu'ils ont d'excellent et par ce qu'ils ont de mauvais. M. Taine s'y révèle un peintre de femmes d'un très grand éclat et de nuances subtiles, mais, conséquence de sa philosophie, il ne voit guères la femme que par les dehors, — en modiste, en bijoutier et en parvenu.

Parvenu à elles, mais pas arrivé. Le contraire de Napoléon, quand on disait de lui : « C'est un arrivé, et non un parvenu ! »

IV

Ainsi, pour nous résumer : talent naturel et défauts factices, voilà le livre de M. Taine, qui a ajouté au factice de sa philosophie le factice d'une forme littéraire dont son naturel reste écloppé. Le Graindorge qui nous sert trop de porc salé, le foie malade qui nous parle trop de son infirmité et de son âge comme les bossus qui en souffrent parlent de leurs bosses et même en plaisantent, et comme s'il importait au public que vous ayez ou que vous n'ayez pas cinquante-cinq ans si vos observations les ont, toutes ces prétentions à la création romanesque qui ne sont que des prétentions et donnent au livre un air affecté au demeurant, ne sont pas le livre de M. Taine. Le livre, malgré la philosophie abominablement fausse et ennuyeuse sur laquelle il est établi, se sauve, comme je l'ai dit, par des détails, et par la bonne volonté persistante et la faculté d'être spirituel. Or, nous devenons tous les jours si lourds et si bêtes qu'il faut éteindre toute Critique devant ceux qui, sans croire à l'Esprit, essaient d'en mettre encore dans ce qu'ils écrivent, et leur dire le mot de l'Église :

« Paix aux hommes de bonne volonté ! » — quand ils ont cette bonne volonté-là !

Dimanche 2 juin 1867.

ENCORE UN ENTERREMENT

Le temps est aux enterrements. Mais les enterrements, comme les jours, se suivent et ne se ressemblent pas. Hier, c'était le docteur Véron qu'on enterrait, et que les estomacs reconnaissants prédits par notre ami Ranc accompagnaient au cimetière dans de bonnes voitures, tout en fumant des cigarettes.

Mais aujourd'hui, voici bien une autre cérémonie...

C'est l'enterrement de Mirabeau!

De Mirabeau! Quel Mirabeau? Parbleu! le grand Mirabeau, celui qui a supprimé tous les autres, le Mirabeau de la Révolution française, jusqu'alors toujours vivant en nos esprits, et que Michelet, dans le dernier volume de l'*Histoire de*

France qu'il publie, a, si j'en crois le fragment qu'en a donné le *Siècle,* enterré si complètement et si profondément qu'il ne va plus rien nous rester — mais rien du tout ! — de ce Mirabeau.

Ah ! vous vous imaginez le connaître, cet homme colosse, à qui il faudrait un Shakespeare, et que tout ce qui sait peindre a, depuis qu'il est mort, essayé de peindre : Chateaubriand, Mme de Staël, Thomas Carlyle, Victor Hugo et tant d'autres, et qui, du colossal de sa personne, a désespéré tous les pinceaux. Au physique, ainsi qu'au moral, vous vous imaginiez avoir une idée assez nette de ce fier homme qui, tout petit, s'il fût jamais petit, épouvantait et tout à la fois enorgueillissait son terrible père, — de ce monstre, comme le père l'appelait dans une espèce d'horreur idolâtre, et qui fut un prodige, — un prodige de génie et de vices, d'égoïsme et de passion, de sentiment et de sensualité ! Vous vous imaginiez la connaître et même la voir, cette face célèbre, cette hure, cette figure de tigre, trouée de petite vérole, — cette laideur effroyable et sublime qui valait la beauté, qui devenait de la beauté quand il le voulait, cet éloquent, ce tout-puissant séducteur, ce Lovelace de tout, des femmes, des hommes, des Assemblées, plus femmes que les femmes, et qui l'aurait peut-être été, s'il eût vécu, de Marie-Antoinette elle-même, aux pieds de laquelle il est tombé, ce Lucifer de la Révolution !... Eh bien, ce Mirabeau entier, ce Mirabeau porc et lion, fange et flamme, ce Roi des Ribauds fulgurant, ce Satyre pansu qui n'avait pas les grêles jambes du bouc, mais des mollets d'Hercule, et qui se vantait avec ses maîtresses, qui le croyaient, d'avoir étreint dans ses bras les trois mille femmes que Chosroës n'avait que dans son sérail, ce Samson aux forts cheveux dont Stendhal a dit : « Il aurait eu des cornes, qu'on les eût trouvées belles », tout ce tempérament, tout ce bouillonnement, tout ce débordement, toutes ces choses enfin scandaleusement immenses qui furent Mirabeau, Michelet aujourd'hui — *stupete gentes !* — les diminue, les amincit, les affaiblit... et, stupéfié, on se demande qui donc diminue, de Mirabeau ou de Michelet ?... Quoi ! Mirabeau, le Mirabeau traditionnel, le Mirabeau vrai, — car lorsqu'une tradition a si bien frappé, a si bien timbré la mémoire des hommes, c'est qu'elle est vraie, — le Mirabeau immobile jusqu'ici dans l'Histoire, dans la gloire et aussi dans le mépris, et même dans le dégoût des âmes pures, il se trouve que Michelet le détache de son socle, et que, maigre croque-mort attardé, il l'enterre dans son histoire, pour que, de ce Mirabeau-là, il ne soit parlé jamais plus !

Certes ! rien de plus curieux, de plus étonnant, et je dirai même de plus mystérieux que le fragment d'Histoire cité par le *Siècle ;* car Michelet, qui l'a écrit, est l'imagination d'historien la plus sensible, la plus nerveuse, la plus vibrante que je connaisse. Il y a de la femme dans Michelet, et de la femme arrivée au degré le plus aigu de ses sensations, et ce que d'autre part il y a de grand, de mâle et de formidable dans Mirabeau, devait non pas plaire seulement à Michelet, mais l'enivrer, cette femelle ! Il devait être, par l'imagination, devant Mirabeau, la troismillième et *une* femme de chez Chosroës !... Et au lieu de cela, au lieu d'être l'idolâtre qu'on attendait de la grande figure de Mirabeau, voilà que Michelet est à peine respectueux pour elle. Comment ! en parlant de cette chevelure de Mirabeau, que Victor Hugo appelle quelque part, je crois, une crinière de rayons, Michelet se permet de dire moqueusement, presque gaminement : la *fantasmagorie de ses cheveux ébouriffés !* Il ne trouve rien d'*énorme* à cet homme dont Mirabeau-Tonneau — un tonneau d'esprit ! — disait : « Je passerais pour ce que je suis, si je n'étais pas le frère de mon frère ! » Il ne lui trouve que de la *légèreté libertine,* comme pouvait en avoir Laclos et tous les mâcheurs de cure-dents aux soupers du duc d'Orléans. *Sa bouche n'est que menteuse*, dit-il, — cette bouche tonitruante, qui, à la tribune, commençait par mâcher les cailloux de Démosthène et finissait par vous les cracher à la face !

C'est la *bouche d'un fanfaron de vices...* Le mot y est, ce vieux mot de Louis XIV sur un d'Orléans (déjà), et que Mirabeau paraphrasait d'une manière si splendidement cynique qu'il est impossible de l'écrire, quand il parlait de l'impuissance en crime de ce dernier des d'Orléans qu'il méprisait. Son visage *semble impur* (il n'en est pas bien sûr), mais *impur de pensée* (quelle réserve caractéristique pour Michelet, qui n'est pas bégueule, comme on sait !). Il n'a guères que des *fantaisies lubriques* (quelle pitié !) que du *priapisme cérébral.* Tout se passe dans la tête ; c'est un impur manqué. Et quand il s'agit de ce robuste qu'il appelait taureau autrefois et qu'il comparait au Rhône furieux pour l'impétuosité, l'historien, enfant terrible qui ne craint pas la couleur, achève le portrait par cette phrase colorée, capable de faire venir aux joues celle que Diogène appelait la couleur de la vertu : *L'aiguillon bestial visiblement lui manque.* VISIBLEMENT !!! Pauvre Mirabeau !

Un peu plus, ce serait Narsès.

Franchement, une telle démolition, un tel enterrement du Mirabeau de l'Histoire, qui confond toutes les idées reçues sur cet homme, — et même celles de Michelet, — on se demande qui donc a poussé l'historien à les faire, quand l'Histoire, elle, avait fait un autre enterrement avec des catafalques d'un bien autre genre, et y avait ajouté des épitaphes assez longues et assez profondément gravées pour que Michelet, ce gratteur de marbre avec une plume, ne puisse pas les effacer ! J'ai dit que cela était si étonnant que cela allait jusqu'au mystère, et, ma parole d'honneur ! je ne m'en dédis pas. Quelle raison a donc Michelet pour retourner la réputation de Mirabeau comme un gant ?... Et cela sans la *moindre preuve à l'appui* que la simple *vision* de ce qui *manque* à Mirabeau ! Il est évident que cette vision est malveillante. Il est évident qu'elle rapetisse, ratatine et rend presque ridicule Mirabeau.

Il est évident que le croque-mort ne conduit son homme à aucune espèce de Panthéon. Qu'est-ce donc que Mirabeau a dernièrement pu faire à Michelet ?... Car ce n'est pas seulement dans le retranchement indécent et grotesque de l'*aiguillon bestial* que se montre *visiblement* le mauvais sentiment de Michelet pour Mirabeau : la haine de l'écrasante proportion que lui donne l'Histoire est partout dans Michelet. La main que Mirabeau mit un jour sur l'épaule du jeune Chateaubriand, et qui faisait dire au vieux, dans ses *Mémoires d'Outre-Tombe* : « Elle me parut immense ! » Michelet affecte de ne pas la voir. Il affecte de se méprendre sur ce grand mot d'imagination et d'analogie, et il dit de cette main immense. « Ce n'était que la fine main du gentilhomme... » Et c'est là peut-être, Monsieur, tout le secret trahi des diminutions basses que vous faites de Mirabeau !

C'est la fine main du gentilhomme, qui, pour vous, ne peut jamais être une main immense... Mais si ç'avait été l'éclanche de mouton qui sortait de la manche de Danton, de ce Danton qui n'était qu'un avocat, et qu'à sa corpulence on a cru longtemps un boucher, vous auriez trouvé que celle-ci pouvait couvrir un monde, et même le porter !

Assurément, on est bien accoutumé, depuis longtemps, à la manière dont Michelet écrit l'Histoire. Coloriste prestigieux et prodigieux, on sait à quel degré de magie cet écrivain peut arriver. On l'aime, oh ! on l'aime comme un vice, et il en est un. Personne n'a plus que lui le don dépravant de l'imagination poétique, de cette double imagination qui fait l'idéal, et, après l'avoir fait, le renverse. Un jour, il nous fit du grand cardinal de Richelieu je ne sais quelle figure de porcelaine et quel fantôme. Un autre jour, de Louis XIV, l'esclave de sa chaise percée. Aujourd'hui, voilà qu'il nous donne un Mirabeau de concombre et de nénuphar, pour remplacer cette sanguine figure dont le vieux Mirabeau père disait : « Il n'y a que l'Impératrice Catherine II qui pourrait lui dégonfler les veines ! » Voilà qu'il nous fait du monstre rugissant presque un doucereux de la chapelle du Pape, — un Priape intérieur, un contemplateur intellectuel de simples porcheries idéales...

Et ceci me semble encore plus fort en bouffonnerie que tout le reste, — et fort heureusement l'Histoire de Michelet est finie; car je ne crois pas que, pour ce grand Michelet lui-même, il soit possible d'aller plus loin dans le triboulettisme historique... qu'il a inventé !

6 octobre 1867.

RÉPONSE A M. GANESCO

Mon cher Ganesco,

Je réponds, coup pour coup, à votre lettre, un peu tardive, contre mon article sur Ronsard. Vos lettres, à vous, sont aussi longues que vos convalescences. Mais moi qui me porte bien, je vais vous le prouver en vous répondant sur-le-champ.

S'il ne s'agissait que de moi, mon cher Directeur, je ne répondrais point. Vous avez parfaitement le droit de trouver mon article sur Ronsard tout ce que vous trouvez qu'il est... comment dites-vous cela?... *erroné et hérétique*... Drôle de langue, du reste, car enfin, ni vous, ni le *paysan du Danube* dont vous vous êtes doublé et dont vous avez fait votre aide-à-discussion, n'êtes, à vous deux, une Église littéraire...

du moins ici. En Valachie, où je sais si peu ce qui se passe, je ne dis pas ! Mais il ne s'agit point de moi. Il s'agit de Ronsard, — de la Poésie, — de l'honneur intellectuel des Poètes que vous déshonorez, et voilà pourquoi je vous réponds !

Seulement, laissez-moi vous le dire d'abord, vous êtes singuliers, vous et votre Valaque ! Vous criez comme beaux diables dans l'eau bénite, parce que je fais, sur un renseignement infidèle ou trouble, Ronsard d'origine Hongroise, au lieu d'en faire un Danubien, comme si les Hongrois, peuple équestre, n'avaient pas dix fois éparpillé leurs grappes de cavalerie sur tous les pays avoisinant les bords du Danube. Et vous faites de cette *confusionnette*, de cet atôme, de cette virgule du procès de Figaro, une montagne, qu'à vous deux et de vos quatre bras vous me jetez à la tête, Titans de nationalité indignée. Et, ma parole d'honneur, je ne hais pas cela ! Je ne suis pas, comme vous autres démocrates, un cosmopolite. Je suis pour les patries. Même le chauvinisme ne me déplaît pas. Mais parce qu'on l'aime, le chauvinisme, il faut le sauver du ridicule ! Je conçois très bien que vous veuilliez pour votre pays Ronsard, si c'est un homme de génie, mais s'il n'est que ce que vous le faites,

Messieurs les Valaques, pourquoi le voulez-vous ?...

Votre chauvinisme est par trop goinfre... Il avale tout.

Il ressemble un peu à la Babonette des *Plaideurs* :

> Elle eût du buvetier emporté les serviettes
> Plutôt que de rentrer au logis les mains nettes !

Mais Babonette ne dit pas, pour mieux les prendre, que les serviettes sont des torchons... Vous, mon cher Directeur, et votre paysan, vous dites que Ronsard n'est qu'un imitateur habile, et c'est tout. Oui! il a imité, et beaucoup trop, sans doute, car il pouvait faire autrement. Mais que voulez-vous ? Son temps pesait sur lui. Ils portaient tous dans la tête cette ivresse, les Renaissants. Tous, ils ont grécisé et latinisé, même Rabelais, dont vous parlez, Messieurs, pour l'opposer inconséquemment à Ronsard, comme s'il ne faisait pas partout dans ses livres la même chose que Ronsard dans les siens! Ronsard a imité, mais quarante fois sur cinquante, en imitant, il a été original. Comme La Fontaine, comme Racine, comme tant d'autres qui n'étaient pas du temps de Ronsard, il a introduit sa grande individualité de poète jusque dans l'imitation qu'il faisait des anciens. Une preuve sur mille : Il a imité, par exemple, l'*Amour mouillé*, d'Anacréon, comme, depuis, l'a repris, pour l'imiter, La Fontaine. Eh bien, savez-vous ce qui est arrivé ? c'est qu'Anacréon est resté sur la place ! Ses imitateurs l'ont étouffé. Les deux choses divines de Ronsard et de La Fontaine ne sont ni du grec ni de l'Anacréon, mais quelque chose d'*aussi original* en soi et de plus charmant que le poète grec. Dans le cadre étroit d'une imitation volontaire, cela déborde de personnalité.

Et je n'en démordrai jamais ! Celle de Ronsard est immense. En Ronsard, à côté de l'*imitateur habile*, dans lequel le *genuine* intervenait encore, il y avait le poète, — le poète absolu, — c'est-à-dire, comme le mot le signifie, le créateur, mais le créateur sur le mode qui chante ! — ce qui fait toute la différence du grand poète au grand prosateur. Pour qui lit Ronsard et ne craint pas de se planter au plus épais de ses œuvres foisonnantes de beautés (mais il semble que vous ne l'ayez lu, mon cher Directeur, que dans de petits fragments d'anthologie !), il y a évidemment deux Ronsards : un imitateur et un poète, un grand Ronsard et un petit. Vous avez réclamé le petit pour l'honneur de votre pays. Grand bien vous fasse, Messieurs les Valaques ! Pour l'honneur du nôtre, nous gardons le grand.

Malheureusement, prouver aux négateurs qu'un grand poète est un grand poète, est chose impossible. La Poésie ne se discute point. Un chêne est là. Touchez-le. Si vous dites qu'il n'y est pas, que faire ? Un de nous deux certainement se trompe, et je m'arrête pour ne pas dire une impertinence... que je pense peut-être. C'est toujours le mot de Napoléon au cardinal Fesch, dans l'embrasure de la fenêtre où il lui montrait le ciel en plein jour : « Vous ne voyez pas cette étoile ? — disait-il au cardinal, qui ne voyait pas plus l'étoile que vous le génie de Ronsard. — Eh bien, moi, je la vois ! »

Mais si on ne discute ni la Poésie, ni les grands Poètes, on discute les idées, mon cher Directeur, et dans votre lettre il y a des idées sur les Poètes que je ne puis m'empêcher de relever ; car, ainsi que je l'ai dit plus haut, ces idées-là, tout simplement, les déshonorent ! Pour vous, le Poète n'est qu'un *monsieur qui devient...* Vous appliquez à tout ce qu'il y a de plus spontané parmi les génies spontanés, — au génie poétique, — la bête théorie du *devenir*, la grande stupidité de Hegel. Un Poète, selon vous, ce n'est plus un cadeau que le ciel fait à la terre, une force vive de la Nature, un baiser de Dieu sur le cœur prédestiné d'un homme, le front que Milton avait tout enfant, et qui, quand il dormait, faisait arrêter les Italiennes, comme si elles voyaient, de leurs yeux, jaillir le futur génie ! Pour vous, cela ne naît point dans l'homme, le Poète : cela s'y détire péniblement et s'y développe à grand'peine. Pour vous et pour votre Paysan du Danube, dont la femme tient peut-être en nourrice des poètes, cela se fait au sein ou à la main, cela se lève, cela se torche, cela se mouche, cela se dresse, et quand cela a suffisamment tété, quand cela a été suffisamment torché, mouché et dressé, voilà que c'est poète et peut se présenter au monde et à la gloire ! Mais, mon cher Ganesco, où avez-vous pris ces belles choses ?... Où avez-vous vu qu'Homère, le mendiant, soit allé à l'école?

Et Virgile, le pâtre, qui chanta de si bonne heure? Virgile, que, par parenthèse, vous mettez au rang des grands poètes, quoique, comme Ronsard, il fut un imitateur... Dante fut, je le sais, un théologien robuste, mais saint Thomas d'Aquin en savait plus que lui; la *Divina comedia* n'est donc pas sortie de la théologie... Elle est sortie de quelque chose qui était en Dante et que Dieu seul y avait mis ! — Milton fut un affreux pédant, un Saumaise insupportable et illisible, voilà ce qu'il *devint* ; mais ce qu'il *était* de nature, c'était le poète du *Paradis perdu!* Ah ! devenir ! devenir poète ! Vous nous la baillez bonne ! On devient... vertueux, ce qui est rare ; mais il faut que Dieu s'en mêle encore ! On devient... de l'Académie, ce qui est souvent ridicule ; il ne s'agit que de fermer sa porte pour étudier et de monter les escaliers pour intriguer. On devient riche ; il n'y a qu'à vendre de la chandelle pour de la bougie de l'Étoile. Mais dans l'ordre intellectuel on ne devient rien, pas même un sot ! On l'est.

Franchement, votre Lebatteux Valaque m'a fait un peu sourire avec ses méthodes infaillibles pour faire les poètes et pour les reconnaître... et cela m'a rajeuni, d'ailleurs, les vieilles rhétoriques dont je suis blasé, en les retrouvant Danubiennes. Je savais bien qu'il fallait être créateur pour être un poète ; mais moi qui trouve Ronsard un créateur dans l'ordre du sentiment, de la pensée, de l'image, du rhythme et de l'expression, j'ai le droit de vous demander ce que vous entendez par création, vous qui ne le trouvez pas un créateur ? Quant aux deux autres conditions pour être un grand poète : *d'être national* et *d'écrire dans un langage définitif*, permettez-moi de ne pas même comprendre. S'il faut être *national*, Lord Byron, qui s'est moqué implacablement de son pays, ne serait donc pas un grand poète ? Et quant au *langage définitif*, c'est évidemment une langue définitive que le paysan du Danube veut dire ?... Mais il n'y a pas de langue définitive !

La langue de Rabelais n'est pas celle de Pascal. Celle de Pascal n'est pas la langue de Voltaire. La langue de Buffon n'est pas la langue de notre bien-aimé et dix fois honoré de Balzac. Les langues sont des fleuves qui, en coulant, ramassent des rivières. Elles ne sont donc jamais définitives. Et d'ailleurs, quoi de définitif en ce monde, excepté la mort ? La sottise elle-même ne l'est pas.

Elle va toujours !

Moi, je ne vais plus. J'ai fini, mon cher Ganesco. Me voici au bout de cette petite discussion en toute douceur. Seulement, s'il nous arrive de ne pas nous entendre encore, comme vous disposez de forces immenses sur le Danube, épargnez-moi les paysans ! Je ne veux pas mourir sous une Jacquerie Valaque. Restons entre nous.

17 octobre 1867.

UNE VUE D'HISTOIRE

Que va-t-il succéder à l'insurrection républicaine de Cadix ?

Telle est la question qui se pose maintenant dans l'esprit de tous ceux qui regardent l'Espagne et qui la connaissent.

Dans ce feu roulant d'insurrections auxquelles elle est destinée, qui va succéder à Cadix ? Est-ce Séville, Grenade, Malaga, Valence ?... Cadix elle-même, où la force du gouvernement a triomphé après une lutte terrible, ne pourrait-elle pas, elle-même, comme un feu mal éteint, se reprendre à quelque insurrection nouvelle ? car les Espagnols ne nous ressemblent guères, à nous autres Français, qu'une défaite coupe au pied et abat : une défaite, eux, les exaspère ! Ils ont l'acharnement au même degré que la fureur. La faculté caractéristique de ce peuple mélangé d'Africain, de ce peuple à l'effroyable patience de Jugurtha dans l'action, qui mit sept siècles à chasser les Maures, c'est la faculté de l'acharnement. Voilà ce qu'il ne faut pas perdre de vue une minute quand il s'agit de juger l'Espagne. Non seulement l'Espagne n'est pas *terriennement* un pays organisé comme la France, c'est un pays de provinces au lieu d'être un pays de centralisation et Madrid enverrait jamais à dos de mules un gouvernement aux autres villes d'Espagne qu'elle y perdrait ses mules, voilà tout ! mais, de plus, le caractère de l'Espagnol ne ressemble nullement au nôtre. Le caractère, c'est-à-dire ce qu'on brise le moins chez un peuple quand la race n'est pas dégénérée, est d'une telle profondeur chez les Espagnols qu'on ne peut jamais dire qu'on est sûr d'en avoir fini avec ce caractère infatigable et perpétuellement menaçant.

C'est ce caractère qui fait trembler pour la longueur et l'implacabilité de la révolution dont nous ne voyons que l'aube aujourd'hui, — l'aube déjà sanglante... Où mènera-t-elle les Espagnols ? — C'est ce caractère indomptable qui donne à l'Histoire de ce peuple d'inquisiteurs, de torréadors et de joueurs de couteau, une beauté d'atrocité et de férocité sublime. C'est ce caractère qui fait que la même révolution qui, par exemple, éclate en France quand elle est mûre, en Espagne, mûre, ne peut éclater ; car l'Espagne est mûre ou pourrie (comme on voudra) pour les révolutions depuis plus de quarante années, et nous y avons vu des troubles, des séditions, des bombardements, des guerres civiles, mais rien de définitif... rien qui tranche dans l'étoffe et emporte le morceau. En Espagne, on déchire toute l'étoffe, avant d'en rien arracher ! C'est ce caractère qui fait encore, à l'heure qu'il est, à la royauté espagnole, malgré ses malheurs, ses faiblesses et ses fautes, un avenir qu'aucune royauté n'aurait au même degré le lendemain d'une révolution et à trois pas de son ivresse. *Desperaba, Esperaba*, est le mot de tout en Espagne, grâce à la profondeur des caractères et des sentiments.

Et tant mieux, du reste, pour ce noble et fier pays, que le travail de l'esprit révolutionnaire qui le ronge depuis si longtemps ne soit pas encore venu à bout de cette religion monarchique qu'il avait au beau milieu de son grand cœur fidèle, de ce grand cœur semblable à cet antre du lion, où tout entrait, mais dont on ne voyait rien sortir ! Oui ! tant mieux pour l'Espagne. Pour un tel pays, qui a inventé les *reyes nettos* et les *reinas nettus,* la démocratie, malgré l'embrasement que son idée jette dans la faible tête des hommes, la démocratie doit être une *occupation* aussi *étrangère* que l'*occupation* de 1808, contre laquelle se levèrent, comme celui de Saragosse, des milliers de Palafox ! C'est elle aussi — l'Espagne — qui a inventé le mot fameux : *Ne touchez pas à la reine...* Elle n'y a pas touché. La Révolution française toucha, elle, à Marie-Antoinette. Isabelle II peut s'en revenir comme elle est partie ; elle peut rentrer en Espagne, son fils à la main. Don Carlos lui-même (une royauté encore) a plus de chances pour l'instant, dans ce pays qui n'oublie rien, qu'une démocratie n'ayant que Prim, cette face de vieux dandy, pour tout Bonaparte, et Serrano, le buveur de porto, comme Falstaff, pour tout Washington !

Nulle part, du reste, on ne la vit moins décidante, plus embarrassée, plus impuissante, la démocratie. Comptez les prétendants qui la cernent ! Quand la Révolution française, qui avait de la netteté et nul embarras, succéda si vite à Celui qu'elle avait décapité, elle ne trouva à sa frontière que les princes déshérités, tandis que la démocratie Espagnole a semé autour d'elle, comme les dents de Cadmus, en ce pays de monarchie qu'elle bouleverse, mais sans le changer, jusqu'à des prétendants étrangers! Détruit extérieurement, mais non déraciné, le gouvernement monarchique est bien capable de ressortir plus vigoureux de cette terre opiniâtre... bourbonien peut-être, mais monarchique à coup sûr. Qui sait? les temps modernes sont peut-être destinés à voir, entre des règnes d'un quart de siècle, surgir des démocraties de quelques jours, qui nous repousseront avec plus de force à la Royauté méconnue et feront la preuve éclatante que ce n'est pas rien que les *quatre planches de sapin* et le *morceau de velours* trop méprisés par Napoléon, du haut de son génie.

N'y eût-il pas un homme de génie à mettre dessus, n'y eût-il qu'une femme comme Isabelle II, les quatre planches de sapin et le morceau de velours sont encore quelque chose! Et ils le sentent cruellement à Madrid. Qui ne les a pas n'a rien et ne peut rien! Demandez-le à ce gouvernement provisoire qui a pourtant deux épées, et avec ces deux épées, qui ne peut pas les remplacer!

Même la botte de Charles XII n'aurait gouverné la Suède que parce qu'il l'aurait mise à sa place, sur les quatre planches de sapin et le morceau de velours !

20 décembre 1868.

PRÉVOST-PARADOL
E. DE GIRARDIN, LOUIS BLANC

M. Prévost-Paradol a eu du bonheur, cette semaine.

Cet ancien porte-toque d'Université a pu transformer son bonnet carré de professeur en bonnet de juge, et faire le petit Perrin Dandin tout son saoul entre M. Louis Blanc et M. Émile de Girardin. Ces messieurs s'étant pris de plume, comme on se prend de bec, sur une vieille question, — la question des faits accomplis, — M. Prévost-Paradol s'est donné le plaisir de juger, entre eux, ce cas de conscience. M. de Girardin, qui n'en a pas, lui, de conscience, et qui s'en vante même, avait prétendu que les faits dominant tout en politique, tout pouvoir tombé était immédiatement prescrit et que la possession valait titre. C'était net... quoique sale, — mais sale et net, cela se voit. Ce n'est pas exclusif l'un de l'autre... M. de Girardin n'avait, du reste, rien inventé. Sa théorie était toute empruntée à la pratique bien connue du vieux Talleyrand, cette *fange dans un bas de soie*, comme l'appelait Mme de Staël. Talleyrand a, pendant toute sa vie qui fut longue, on le sait, accepté tous les gouvernements qui se succédèrent, comme il eût accepté tous les coups de pied au derrière sans que sa figure en dît rien, disait l'Empereur Napoléon. Seulement, ce que Talleyrand ne disait pas, M. de Girardin le dit dans son journal et même l'enseigne, et de là la dispute. M. Louis Blanc, qui dans toutes ses Histoires a daubé Talleyrand, ne peut pas, en bonne logique, admettre la prescription *talleyrandesque* professée par M. de Girardin : *Je ne suis pas pour les faits accomplis*, — écrit-il fastueusement, croyant bien s'en tirer, — *mais pour les faits dignes d'être accomplis*. Se croit-il malin, le petit homme! Malheureusement, sa réponse n'est belle que pour les sots, car, au fond, elle ne répond pas. Car pour savoir quels sont les faits *dignes d'être accomplis*, elle nous renvoie à la conscience de tous et un chacun, ce tôton à cinquante mille facettes dont aucune ne réverbère la même lumière, et qui tourne en vain, sur l'aire de l'humanité, depuis le commencement du monde, — et encore avec la peur de se tromper que n'ont pas, au moins, les autres tôtons! « Qui jugera, en effet, entre cette multitude de consciences? » demande brutalement M. de Girardin à M. Louis Blanc, qui répondrait bien : « Ce sera la mienne », s'il osait, et s'il ne se trouvait pas un peu menu pour faire jusqu'à ce point le dictateur.

Voilà cette question de conscience posée entre M. Louis Blanc et M. de Girardin, et très digne, du reste, de Bysantins de leur espèce. Voilà le nez-à-nez de sophismes qu'il fallait accueillir par le large rire du bon sens, et que M. Paradol, qui ne connaît pas ce rire-là, a regardé comme une chose très imposante, très intéressante et très belle. Cette vaine rhétorico-métaphysique a charmé cet esprit tout à la fois pédant et timide, qui ne sait, sur rien, prendre, comme font les forts lutteurs, le taureau par les cornes, mais qui essaie parfois de le saisir par l'extrémité de la queue, mais avec des mains trop frêles encore pour réussir. M. Prévost-Paradol a vu là une bonne petite occasion de faire contre l'Empire, sous couleur de généralité, de la politique allusive et indirecte, qu'ils croient de l'esprit — et du plus fin ! — au *Journal des Débats* et à l'Académie. Il s'est donc avancé, la balance en main pour tout balancier, sur le cheveu tendu de cette question métaphysique, et il s'est rangé du côté de M. Louis Blanc contre M. de Girardin. Et quoi d'étonnant ? c'est toujours la question de la coalition Baudin qui continue! Quoi d'étonnant à ce que sur la possession de l'Empire, un républicain de l'avenir puisse s'entendre avec un républicain du passé ?

C'est, en effet, un républicain de l'avenir, un républicain de la dernière heure, — ou plutôt des heures qui sonneront, si elles sonnent, — que M. Prévost-Paradol. Il nous l'a dit dans ses lettres sur la souscription Baudin : il est républicain à force d'être parlementaire. C'est un républicain avec un d'Orléans pour président de sa république ; car, sans cela, que ferait-il au *Journal des Débats*, M. Paradol ?... Il y ferait du *berryerisme*. Il n'y gagnerait pas son argent... Certes! un républicain de cette espérance ne peut pas vouloir de la prescription de M. de Girardin. Comme M. Louis Blanc, quelles que soient les nuances qui les séparent, M. Prévost-Paradol n'est qu'une espèce de protestant en morale comme en politique; pucerons, tous deux, nourris sur le même chou, — le chou de Rousseau ! Ils ne sont assurément pas plus capables l'un que l'autre, avec la notion de la conscience libre, qui est la leur, de s'en faire un *criterium* de vérité absolu et certain, et ce n'est point l'immoralité de la thèse de M. de Girardin qui les soulève et qui les indigne, c'est le principe même de cette thèse qui les atteint et qui les frappe dans leurs intérêts les plus chers. Même quand il s'agit de la débattre, M. Prévost-Paradol, qui se donne des airs de juge, et qui, par conséquent, a la prétention de résumer le débat, n'enterre pas la thèse de M. de Girardin puissamment, sous une de ces raisons morales supérieures qui font tout fléchir sous leur poids. Il se contente de verser dessus un fretin de petits faits tirés de l'Histoire, épingles faites pour la petitesse de sa main !

Et ces raisons tirées de l'Histoire, ces petites raisons dont M. Prévost-Paradol s'amuse à piquer le granit de l'Empire, ne sont guères des épingles que parce qu'il les a travaillées, que parce qu'il s'est donné un mal du diable pour en affiner la pointe, ce pauvre travailleur en pointu ! L'Histoire, pour ceux qui entrent dans l'Histoire avec des passions de parti, n'est pas une vérité, mais une possibilité de mensonge. L'Histoire n'est plus alors qu'un arsenal d'armes à toute main. Les biceps y trouvent des massues, les poignets des glaives, les mains faiblottes des épingles ; c'est ce qu'a trouvé M. Paradol. Comme tous ceux qui s'arment de l'Histoire, il l'arrange, au moins, s'il ne la fausse pas. C'est ainsi qu'il a fait le plus pointues qu'il a pu ses épingles : « La prescription — dit-il — des pouvoirs tombés n'a pas duré longtemps en France ». Et pour le prouver, il a fait le compte des gouvernements qui sont tombés pour se relever et retomber encore, depuis près de quatre-vingts ans. Certes ! les faits qu'il cite sont incontestables, mais il faudrait les comprendre, et il ne les comprend pas. Tout ne s'explique pas dans l'Histoire par des opiniâtretés de parti, ni même par les fautes des gouvernements, quoique tant de choses s'expliquent par elles. Il y a, pour les partis comme pour les gouvernements, ce que j'appelle l'inattendu de Dieu : les surprises de l'Histoire. Mais compter là-dessus est imprudent ! Cela ne suffit pas de montrer les Bourbons revenus après l'Empereur tombé, les Bourbons tombant pour que les d'Orléans arrivent, et les d'Orléans tombant à leur tour, pour faire place à leur tour à des Bonapartes. Cette manière de se servir de l'Histoire n'est que superficielle ; tout cela pour dire : « Voilà des exemples ! Comptez bien qu'un jour les d'Orléans reviendront et enterreront les Bonaparte ! N'acceptez donc pas de prescriptions, il n'y en a jamais !... » Ce sont des raisonnements de l'espérance.

Mais savez-vous seulement ce qu'en politique vaut l'espérance, délicieux rêveur de M. Prévost-Paradol ?... Écoutez ! voici une voix plus forte que la vôtre :

« L'espérance est ce qui corrompt le mieux les partis », — a dit votre chef orléaniste, M. Guizot !

27 décembre 1868.

LES REVUES DE FIN D'ANNÉE

I

C'est une mode pour l'heure, — et ce mot dit tout, dans ce charmant pays des engouements et de l'imitation ! Les théâtres ont leurs revues, et la politique a les siennes. Avant de jeter à l'oubli — l'oubli définitif — tant de choses faites pour y aller et qui devraient être heureuses d'y aller, on veut les revoir, drôle de fantaisie ! s'en rendre compte une dernière fois comme si c'était la peine ! les évoquer encore dans un tableau final... puis, comme disait Pascal, en voilà pour jamais !

Certes ! il n'y a pas de quoi se rengorger beaucoup devant ces ossuaires de sottises où bientôt manquera jusqu'à la poussière, devant tous ces petits événements lilliputiens qui ont retrouvé leur taille exacte dans la mort et qui d'abord avaient paru immenses, et qu'il a même fallu tirer de l'oubli — pour les y rejeter !

Car ils y étaient. Ils y étaient déjà. Avant que les regrattiers du Journalisme eussent regratté une dernière fois toute cette mauvaise cuisine politique de l'année, elle était déjà sortie de la mémoire de ceux qui l'avaient faite, de ceux-là qui avaient travaillé à ces ripopées de scandale et de bruit, et grossi le plus ces événements de rien du tout pour en faire des choses énormes.

Tenez ! en voulez-vous la preuve dans quelques exemples ?

II

Qui se rappelle — si près que nous en soyons encore ! — la fameuse affaire du crachat Vermorel, laquelle créa du coup la personnalité d'un homme qui n'existait point avant ce célèbre crachat, Vénus politique née de cette écume ? Est-ce que cette sputation ne valut pas vingt mille acheteurs au *Courrier Français*, où M. Vermorel écrivait !... Fût-ce une affaire assez splendide que ce crachat ? En fit-on alors une assez haute question de morale et de politique, et l'univers s'intéressa-t-il assez passionnément à le voir rayonner sur la face stoïque qui avait su le garder ? Ce crachat, c'était une fortune ! Il semblait devoir mener à tout — à la députation comme à la popularité — l'honorable M. Vermorel ! Eh bien, il a très vite séché... On ne l'a plus vue, cette étoile !... Les vingt mille acheteurs du *Courrier Français* ont décampé et courent encore. Ce sont eux qui sont les courriers... et M. Vermorel — le puissant M. Vermorel — a disparu dans les pénombres !

Et la fameuse — fameuse aussi ! — affaire Kervéguen, laquelle fit, dans le temps, l'effet d'une poudrière qui saute, mais dont les sauteurs retombèrent si bien sur leurs pattes ? Faites-moi donc l'honneur de me dire ce qu'elle est devenue l'affaire Kervéguen ?...

Et les scandales Bussy et Stamir, ces vautreries de bison dans la fange, dont tant de gens furent éclaboussés, et qu'on regardait comme les Espagnols, qui ont de plus nobles plaisirs, regardent leurs combats de taureaux, où si on est éclaboussé, c'est au moins par du sang ! Cela semblait alors la fin du monde dans la crotte, mais le monde va toujours, et la crotte aussi !

Et la fameuse (plus fameuse que tout) *Lanterne* de Rochefort, la *Lanterne* à cent mille exemplaires, la *Lanterne* d'or, la *Lanterne* qui devait faire de Rochefort-Spartacus le Consul de la première République qui viendrait; dans quels coins brille-t-elle, cette explosionnante *Lanterne ?* Elle n'est pas cassée... Elle clignotte sur une pierre étrangère — la pierre de l'exil — comme un lampion d'invalide, planté, la nuit, sur des pavés remués, et personne (en France du moins) n'en parle plus, de cette *Lanterne* qui avait la prétention d'être une torche et de brûler l'Empire !

Et, pour tomber de moins haut dans un aussi profond silence, et l'affaire de messieurs les gens de lettre ? Et la majestueuse démission de M. Jules Simon ? Et encore, et enfin, l'apparition de ce Cyclope d'éloquence, M. Gambetta, cette foudre d'en bas, — né d'une plaidoierie insolente, mais trop tôt ; car ce ne sont pas les morts qui *vont vite* dans ce pays-ci, mais les vivants, et d'ici les élections prochaines, M. Gambetta, dont on ne dit mot déjà, aura bien le temps de se faire oublier[1] !

---

[1] Il s'agissait de prescription tout à l'heure... Singulière page à relire aujourd'hui, vingt ans après, que cette opinion d'alors !

J.-B. d'A.

III

Affreuse caractéristique de ce temps! Il n'y a que la rapidité et la profondeur de l'oubli qui puissent y égaler la fureur des enthousiasmes imbéciles. Les grands hommes y durent vingt-quatre heures, et c'est vingt-quatre fois trop pour les grands hommes qu'on y fait... Nous passions pour légers autrefois, mais ce n'est plus légers que nous sommes, c'est inconsistants! On nous appelait des Athéniens modernes. Des Athéniens ? Mais nous ne sommes pas même des femmes d'Athènes! En politique, nous ne sommes guères que des cocottes de Paris...

10 janvier 1869.

M. JULES FAVRE

A LA SALLE VALENTINO

I

Qu'il a bien choisi son local ! et comme cette salle de mascarades convenait bien à la Conférence de Dimanche, — à une Conférence où Jules Favre a masqué de la faconde du faux homme de lettres et de l'académicien, les atroces embarras du républicain démoralisé ! On sait, en effet, qu'ils ont, pour l'heure, une forte colique d'embarras, MM. les républicains de la représentation de Paris ! On leur a enfin donné le droit de réunion demandé par eux à si grands cris, et ils n'ont pas encore osé s'en servir. Ils ont eu peur, ces bourgeois de républicains, aux gants perle, d'essuyer la crasse des tribunes populaires, où il aurait fallu parler entre le citoyen Gaillard et le citoyen Peyrouton, et montrer, sur les menaçantes questions qui sont le programme de l'avenir, s'ils ont — oui ou non ! — **quelque** chose dans le ventre. On les a cherchés dans ces réunions à la place qui devrait être leur place. On les y a appelés. On les y a sommés de venir. Ils n'y sont pas venus. C'est l'heure de nous montrer, cachons-nous ! Et c'est pour réparer le désastre de cette couarde et opiniâtre absence, qu'en son particulier Jules Favre, qui voudrait pourtant bien se recommander à ses électeurs par quoi que ce soit qui ressemblerait à une action ou à une idée, a inventé cette Conférence Valentino, où, Gracchus-Trissotin, il a pu, sous prétexte de littérature, nous parler, sans inconvénient, de liberté !

Et les amateurs ont pu s'en donner à leur tour pour leurs quarante sous, de cette régalade littéraire. Jules Favre n'a pas mis à un prix plus haut ses cachets. En ceci, plus démocrate, rendons-lui cette justice, qu'Alexandre Dumas, cet autre républicain dans le même genre, qui mettait les siens à dix francs, quand il faisait aussi des Conférences. Et cependant, Jules Favre entend très bien sa mise en scène, et Alexandre Dumas ne ferait certainement pas mieux. N'allez pas croire qu'il soit venu tout simplement, avec son talent seul et son sujet, parler comme un homme qui a quelque chose d'élevé, de puissant ou de neuf à dire. Non pas ! Il s'est fait précéder d'un Maître des cérémonies... Le Dreux-Brézé de Jules Favre a été Laboulaye, — le doux, le tempéré, le philanthropique Laboulaye, lequel s'est avancé, comme un régisseur de théâtre qui fait l'annonce, et nous a *cornaqué*, dans un petit discours, le grand éléphant blanc de l'éloquence dont nous allions admirer la trompe. Mais, hélas ! cette trompe nous a bien trompés. Elle s'est agitée deux heures dans le vide, pour rien n'y prendre, ne faisant pas le moindre petit tour de force, n'y cassant pas le moindre bambou. Ç'a été déplorable... de faiblesse. Il est vrai que, dans un langage Sainte-Beuvien, Jules Favre s'est vanté de ne toucher à son sujet qu'*avec discrétion*, et son sujet, c'était la vieille thèse, la vieille pantoufle déclamatoire de l'influence de la liberté sur la littérature, et (car cela peut se retourner comme un gant) de l'influence de la littérature sur la liberté.

Est-ce assez antiquaille, cette thèse ! Et Jules Favre l'a-t-il rajeunie ? L'a-t-il renouvelée ? L'a-t-il transformée par des arguments inattendus ? L'a-t-il même attaquée vaillamment comme un homme qui veut pénétrer dans la place de son sujet ? Non ! c'eût été sans doute de l'indiscrétion, cela, et Jules Favre voulait être discret... Je connais cette discrétion, qui n'est pas seulement de la perfidie, mais de l'impuissance. La thèse de Favre, de ce sainte-nitouche d'opposition et de liberté, devait être un petit coup de coutelet adroitement donné dans le dos de l'Empire ; mais pour cela, il fallait que le petit coutelet, manœuvré par derrière, fût suffisamment aiguisé... Il fallait prouver, autant par le raisonnement que par l'Histoire, que c'est la liberté qui fait le génie, le talent, les littératures ; et, malgré sa bonne volonté de sophiste et de rhéteur, c'est ce que Favre n'a pas fait et ce qu'aucun avocat, si désossé qu'il soit de sa conscience et si plié qu'il soit aux avocasseries, ne pouvait faire. Les gouvernements peuvent et doivent stimuler l'activité et l'émulation des esprits par des protections intelligentes et de nobles largesses, mais ce n'est jamais eux qui ont créé une seule littérature, un seul génie et même un seul talent. Ceci dépasse leurs attributions souveraines. Le génie et le talent, ces spontanéités merveilleuses, poussent partout et contre tout, là où Dieu les sème et où elles ont à pousser, suivant une loi mystérieuse qui n'a pas encore été découverte... Comment! Opprimer le génie, quand il est vraiment le génie, c'est le faire souffrir, mais, à coup sûr, ce n'est pas l'étouffer ! Il réagit alors et devient immense. Nul Hercule bête ou brutal ne peut rien contre le génie. La liberté, pas plus, du reste, que le despotisme même d'un grand homme, comme l'Empereur Napoléon, par exemple, n'est capable de pondre le plus petit talent à elle seule... Aussi, quand, faisant de la très superficielle histoire, se dupant lui-même et dupant les autres, avec ces mots de liberté et de démocratie, sans pénétrer jusqu'au fond des réalités historiques, Jules Favre nous parle des siècles et des littératures de Périclès, d'Auguste, de Louis XIV et de Louis XV, et qu'il impute les beautés littéraires de ces siècles à ce qu'il y avait de liberté, il sait fort bien, l'homme de ce traître petit coustelet, qu'aucun de ces siècles n'eut une liberté de moitié égale à celle dont nous jouissons, à cette heure de l'Empire. Aucun de ces temps — on pourrait le prouver dans une Conférence plus intéressante que celle de Jules Favre et plus vraie — ne fut aussi libre que notre temps ! L'Empire n'a fait boire la ciguë à aucun Socrate, ouvrir les veines à aucun Sénèque, et n'a embastillé personne pour une chanson ou pour un quatrain.

Et si, contrairement à ce que Favre croit prouver, c'était une raison que la liberté pour avoir une superbe littérature, nous devrions assurément en avoir une comme jamais, dans aucun siècle, on n'en aurait vu exister !

Telle est cette vieille thèse politico-littéraire de Jules Favre, qui ne l'a rajeunie que par d'inexprimables fautes de français. Si, en effet, toutes les idées de sa Conférence, — de ce morceau pâteux, filandreux et visqueux où les phrases ressemblent à un macaroni de longueur qui ne se grattine jamais, sont des idées assez communes pour appartenir à tout le monde, les fautes de français dont elles sont ornées appartiennent à Jules Favre seul et à ce magnifique charabia du Palais qu'on croit maintenant du français à l'Académie. Supposez que Jules Favre ne fût qu'un républicain, nous ne parlerions pas de ses pataquès ; mais c'est un littérateur d'étiquette, c'est un académicien qui va en ville et fait des Conférences dans les bastringues pour la généreuse misère de quarante sous, nous sommes bien obligés de nous occuper de son style. C'est un enseignement. Jules Favre confond la FIXITÉ et l'ESSOR, et, dit-il, *ils enveloppent l'esprit* (comment s'y prennent-ils ?) *de splendeur et d'immortalité*. Confondant aussi l'abstrait et le concret, Favre parle des *résistances* qu'il faut réduire *en poussière*. Il dit : une assez *grande immortalité*, pour dire : une assez grande durée. Il ne fait pas courber la pensée humaine *sous un joug*, mais *devant un joug*. Il appelle Louis XIV et Louis XV cruels, — il en a le droit, quoique ce soit faux, — mais il ajoute : DANS LEURS ALLURES ! Une allure cruelle ! Je voudrais voir cela, car cela doit se voir. Enfin, il parle de *la fange des boudoirs* SUSPECTS. Pourquoi *suspects* ? Rien n'est plus positif et plus clair que la fange. Voilà, entre mille autres, les manières de dire de Jules Favre ! Voilà l'unique originalité de ce grand avocat baveux, dont même aujourd'hui la bave n'est pas pure, mais *suspecte* comme la fange de ses boudoirs !

II

Et c'est sur de telles âneries de langage, c'est sur de telles bavarderies vides, où la pauvreté politique se cache sous le haillon littéraire, que Jules Favre a la fatuité de compter pour se refaire une popularité défaillante ! C'est par ces vaines élucubrations d'école et d'écolier que ce maître clerc en éloquence croit répondre à la mise en demeure de comparoir aux tribunes du peuple qui hurle là-bas, pour y péremptoirement être interrogé sur les questions maintenant à feu : l'hérédité, la propriété, le mariage ! C'est par des vanités et des vésanies sur la liberté et sur la littérature, qu'il s'est imaginé pouvoir esquiver, aux élections prochaines, le pistolet sur la gorge des terribles interpellations ! Eh bien, s'il l'a cru, il s'est rudement trompé ! Il verra, aux élections prochaines, qu'il faudra autrement en découdre. Il verra si aux termes où nous sommes arrivés, — à ce bout de fossé qui, pour les uns ou pour les autres, sera la culbute, — il peut y avoir entre les hommes qui veulent l'Empire, la propriété, la famille, le monde enfin sur des bases chrétiennes, et les Dévorants, les loups sociaux qui prétendent couper comme l'herbe, au raz de terre, la société moderne, une place pour les Aristos des Républiques bourgeoises et leurs guitares, pour ces démocrates littérateurs qui n'ont ni une idée ni une énergie à leur service, et qui crèveront piteusement par la culasse, le jour où il faudra tirer !

17 janvier 1869.

LES PETITS HURLEURS DE LIBERTÉ

I

Avez-vous jamais entendu parler, dans l'histoire des peuples constitutionnels, d'une Opposition sans programme ?... Tel misérable, tel faux même que ce programme pût être, telle mince que fût l'idée qu'on voulait faire triompher, il y en avait toujours une sur laquelle l'Opposition s'appuyait, ne fût-ce que pour prouver qu'elle n'était pas une Opposition à tue-tête et qu'elle avait pour toutes les échéances son système de gouvernement. Eh bien, ce que vous n'avez jamais vu dans l'histoire des peuples constitutionnels, nous le voyons, en France, tout à l'heure ! A la veille d'un renouvellement intégral dans la législature, et dans la dernière session qui le précède, au moment où pour se faire renommer aux élections prochaines il faudrait laisser de soi un puissant et chaud souvenir, l'Opposition française, qui s'est vidée, épuisée, et qui meurt de radotage avant de mourir par le temps, n'a pas présentement une idée dont elle puisse faire flèche et une larve de programme à mettre en avant, en dehors de ce vague mot de liberté après lequel ils n'ont plus rien à dire, quand une fois ils l'ont prononcé !

Danton, cette énorme tête vide, disait, croyant dire quelque chose : « De l'action ! de l'action ! de l'action ! » Les petites têtes plates et non moins vides de l'Opposition, disent à leur tour : « De la liberté ! de la liberté ! de la liberté ! » Et elles ne disent que cela. Elles répètent sur tous les tons, dans leurs discours et dans leurs journaux, qu'il faut des développements à la liberté, et elles tapent sur ce mot de liberté comme sur une cymbale ou sur un tambour, comme les sauvages tapent sur des vases d'airain quand ils veulent faire accoucher la lune. Et c'est la lune aussi qu'elles veulent faire accoucher !... Car nous prétendons, nous, que cette liberté qu'on demande, la France actuelle, la France du second Empire, la possède et en jouit, et que cette liberté n'existe au même degré exceptionnel chez aucun peuple.

Et nous défions l'Opposition de nier, — non ! on peut nier toujours tout, — mais de *discuter* cela avec nous. Oui ! voilà ce que nous disons. Nulle part, il n'existe, dans aucun pays, de liberté comparable à celle que l'Empire nous a donnée, et c'est ce qu'il faut imperturbablement répéter à l'encontre des déclamations et des impostures contraires. La France, à l'heure présente, est investie de tous les genres de liberté, et je ne sais même pas comment l'Empire pourrait en donner une de plus.

J'ai dit : de tous les genres de liberté ; car il n'y a jamais que des libertés spéciales. Il n'y a pas plus de liberté abstraite que d'homme abstrait. Toutes les libertés sont une chose et portent un nom... Il n'y a pas de liberté comme cela, de liberté en l'air ! Et même quand les révolutionnaires faisaient une Liberté, ils la faisaient avec une femme, un bonnet rouge, une pique, un autel et un échafaud.

II

Et nous les avons toutes, en effet : liberté d'institutions, liberté de mœurs, liberté de toutes choses. — Depuis la liberté de la boulangerie jusqu'à la liberté des théâtres; depuis la liberté des journaux jusqu'à la liberté des réunions publiques ! Suspendues un instant, ces deux dernières, le gouvernement impérial, sûr de sa force, a fini par les accorder. Les journaux ont été libres de se fonder... et pourquoi dire, grand Dieu ! Je demande ce que la civilisation, l'esprit humain, l'État, l'honneur de la patrie ont gagné à cette liberté de créer des journaux qui n'est si chère qu'à ceux-là qui éprouvent le besoin de dire des injures ou de créer des embarras au gouvernement de leur pays ? On leur a donné la liberté des réunions publiques, et ils en ont profité pour nier Dieu, insulter l'Empereur, proclamer la nécessité du concubinage, dépasser Robespierre, Marat et même Hébert, que nous croyions le fond du tonneau de la vidange révolutionnaire, mais qui ne l'était pas puisque les voilà, eux ! se pourléchant hideusement de l'espérance d'un massacre prochain, d'un brûlement général, d'une vengeance sociale enfin complète ! Lorsque le gouvernement, qui sent de quel bronze il est fait, a le stoïcisme plein de profondeur de s'offrir comme une tête de Turc à ces poings furieux et fermés, qu'il brisera de sa solidité ; lorsque les malheureux fonctionnaires qu'il commet à ces réunions tempestueuses sentent blanchir leur barbe et leurs cheveux en entendant les choses horribles qu'on leur lance à la face, mais ont la consigne de rester impassibles, et, seuls liés par l'ordre et le devoir, quand tous sont libres de leur salive et de leurs mépris, ne sont pas libres, eux, de faire arrêter les vociférateurs et fermer cette arène aux abominations et aux insolences, on se demande ce qu'il faut encore de liberté à ceux qui en réclament toujours !

Et quand l'Opposition elle-même, qui a tant crié pour avoir celle-là et qui l'a obtenue, ne s'en sert pas, — a peur de s'en servir, — trouve le fer qu'elle a forgé trop chaud, — et tremble de loin aux voix fraternelles des Caïns qui l'appellent à ces réunions, et qui, parce qu'elle n'y vient pas, l'accusent de lâcheté et de trahison, on s'étonne vraiment, on reste stupéfait de la voir, cette Opposition si bêtement acharnée, pousser son cri d'oie et de liberté !

Eh ! quelle liberté peut-elle vouloir encore ?... Mais en Angleterre, cette terre classiquement libre, comme on dit ; mais en Amérique, où du moins la Démocratie a de la fierté, croyez-vous donc qu'on pourrait dire de la reine Victoria, ou du général Grant, une fois nommé président de la république Américaine, la moitié seulement de ce qui se dit maintenant à Paris, à la Redoute et au Vieux-Chêne, et de ce que l'Empereur a la magnanimité d'affronter, dans la confiante sérénité de ce suffrage universel dont il est sorti et qui lui fait comme un Olympe et une forteresse? Non! dans aucun pays du monde, — vous pouvez par la pensée les parcourir tous, — vous ne trouverez de gouvernement assez intrépide pour jouer le jeu hardi que le gouvernement joue présentement en France, et le tout pour nous prouver que nous sommes libres, pour démontrer non pas seulement à l'Histoire contemporaine, mais à l'Histoire de l'avenir, à l'Histoire éternelle, qu'il est allé, en fait de liberté, aussi loin qu'il pouvait aller; car un pas de plus, une épaisseur de cheveu de plus, ce n'est plus de la liberté dans laquelle nous serions, mais de l'anarchie. Ce serait la liberté, à tous, de tuer le gouvernement de leur pays, sans que, seul, ce gouvernement eût la liberté de se défendre.

Et voilà, du reste, au fond, ce qu'elle voudrait, cette Opposition hypocrite! Elle ne hurle pas si fort que les frénétiques des réunions populaires, qui disent, eux, nettement, bruyamment, épouvantablement ce qu'ils veulent, — ils ont un programme, eux! et vous le connaissez, — mais, au fond, contre le gouvernement, contre la *personne* de l'Empire, ils ont certainement la même haine, les mêmes plans, ces *légaliers,* ces patte-pelus de liberté ! De l'Empire croûlant, ils ne voudraient guères sauver que leurs propriétés privées. Cette vide Opposition parlementaire, qui n'a pour toute raison, pour toute idée contre le gouvernement qu'elle hait, que son vieux cri de liberté, qui ressemble à un tic, trouve, au fond, comme les grands Hurleurs de la chose, qu'il y a toujours une liberté à demander tout le temps qu'il y en a une seule qui doive être, en cas de délit, réprimée ou punie ; tout le temps que restent entrelacées dans nos Codes et dans nos Législations la Répression et la Punition, ces deux Mères de la Force sociale ! Après tout ce que nous venons d'exposer, nous pouvons dire que nous sommes libres. Libres de tout, jusqu'à l'assassinat... mais à nos risques et périls pourtant. Seulement, ne vous y trompez pas ! pour l'Opposition, ce sont ces risques et périls qui sont l'obstacle, l'empêchement à la liberté.

En cela toute semblable, mais plus lâche et plus fausse que les frénétiques qui ne veulent plus d'elle et dont elle était naguères la tête de colonne, à ces démagogues qu'elle croyait commander et qu'elle ne commande plus, et qu'elle ne précède que comme ceux qui reçoivent des coups de pieds au derrière précèdent ceux-là qui les donnent.

7 février 1869.

UNE PROMOTION

I

Eh bien, qu'en dites-vous ?... Vous savez la nouvelle ?... Nous avons un nouveau marquis !

C'est le marquis About (du *Gaulois*, — quelle gauloiserie !), le marquis About, un marquis comme M. Jourdain était gentilhomme, un marquis comme Mascarille était marqnis, un marquis difficile en noblesse, et qui, au nom de sa haute lignée et du droit d'impertinence qu'ont tous les marquis... de comédie, se donne les airs de reprocher à M. Rouher — un homme qui n'est pas né — la bassesse de sa naissance, et le traite de chaudronnier et de postillon d'Auvergne !...

Hé ! hé ! les postillons — d'Auvergne ou

non — ont un fouet! — (et ce serait le cas de crier ici : « A moi, Auvergne ! ») — un fouet ! ce que n'a pas M. About, avec sa grêle plume qu'il prend si drôlement pour une cravache de marquis !

Ainsi, M. About, le démocrate pour gaminer, l'enfant terrible des journaux, comme il s'appelle lui-même, M. About devenant tout à coup difficile sur la noblesse des gens et le d'Hozier des ministres d'État ! M. About répondant au mérite indéniable, à la capacité forte, aux services rendus, enfin à tout ce qui fait de M. Rouher une grande personnalité, même pour ses ennemis, par *chaudronnier et Auvergnat, Auvergnat et chaudronnier*, comme l'autre marquis répondait à tout : *tarte à la crème*, n'est-ce pas là le plus grotesque des spectacles, et de toutes les impertinences de M. About la plus impertinente, et qu'on doive siffler non pas avec un simple sifflet, mais quoique nous soyons en carême, avec le cornet à bouquin du carnaval ?

II

De tous les moyens de faire son chemin à travers l'encombrement des imbéciles, le meilleur est certainement, dans ce pays-ci, l'impertinence, le caquetage et le caquet, trois choses qui se tiennent, et M. About, intellectuellement oiseau à petite tête, avait tout ce qu'il fallait pour prendre et chanter ces airs-là, qui font sur-le-champ le succès. *Gazza ladra* de la littérature, il débuta par ce fameux roman qui n'était pas de lui, et qu'il donna comme de lui, — première impertinence pour le public, et qui réussit ! — le roman de *Tolla*, un nom providentiel, qui vient de *tollere*, — *enlever*. Il avait enlevé le roman, il enleva le public. Sorti de l'École normale, où ils se ressemblent tous, cette école de Ménechmes littéraires, se sentant pédant et regimbant contre cela, il se fit léger comme les Allemands et les bœufs, en sautant par toutes les fenêtres ! Il *s'entraîna*. Il traita son esprit comme les jockeys qui ne veulent pas peser traitent leur pauvre corps, et il en fit ce pauvre esprit qui pèse si peu ! Professeur *cul de plomb* qui voulait à toute force avoir des ailes, et qui près de Sarcey, son repoussoir, parut évaporé, il eut l'impertinence de se croire quelque peu Voltaire. Il pondit son *Nez d'un Notaire*, puis les *Échasses de maître Pierre*, qui lui rapportèrent gros, et même la *Légion d'honneur*, qu'il prit très bien, cet homme d'Opposition, comme Voltaire, sa croix dans le dos. Puis il attaqua l'Église, manqua de respect au Pape, hanta les grands, dîna chez les princes et chez les princesses, où il fit le gentil avec une telle grâce et le familier avec un tel tact, qu'on finit par lui faire, dit-on, donner son chapeau par les domestiques...

M. About, l'enfant terrible du journalisme, qui mettait hier encore cette casquette sur son oreille, se joue dans toutes les questions du temps et en affronte impudemment la gravité. Vous rappelez-vous le passage de Timon peignant M. Thiers, cet autre gamin politique d'un autre âge, descendant quatre à quatre l'escalier d'un galetas au cinquième et se roulant et se vautrant dans les meubles d'un salon au premier, et trouvant que c'est bon, la soie et le velours, mettant sa tête ébouriffée et ses pieds crottés dans les fauteuils et les rideaux. C'était déjà M. About que ce Thiers-là ! Comme M. Thiers, M. About donnerait, lui aussi, la fameuse tape historique sur le ventre de lord Grey ! Perroquet gâté et qu'on a trop gratté, auquel on a permis trop de choses. Vert-Vert badin de l'Opposition, qui le bourre de bonbons pour sa peine de dire au pouvoir de petites insolences sucrées et enveloppées dans de la fausse Histoire, demandant avec des airs naïfs mal joués pourquoi on a interdit dans la rue le *Gaulois* — le journal où il perche — depuis son irrévérente pantalonnade sur Charlemagne et le Prince Impérial, et se répondant : *Parce que !...* le vieux mot célèbre de tribune que, toujours *Gazza ladra* de *Tolla*, il prend à Berryer !

Parce que, dit-il, le mot des femmes ! Non ! monsieur, le mot de Berryer, et encore non *parce que* tout court, mais parce que vous avez été outrageusement impertinent !

III

Et cette impertinence nouvelle nous a valu toutes les autres, toutes celles qu'on trouve, pour le moment, dans ce *Pain quotidien* qu'il nous sert au *Gaulois*, toujours fat, du reste, soit avec saint Paul, soit avec l'Oraison Dominicale : *Donnez-nous aujourd'hui notre pain quotidien...* Il n'y a, certainement, que M. About au monde qui soit assez sacrilègement familier pour s'introduire ainsi dans l'oraison dominicale et s'y embusquer, comme le singe échappé que je vis un jour grimper sur le baldaquin d'un autel, et de là nous jeter des crottes ! M. About a mis dans ce *Pain quotidien* du *Gaulois*, le levain de rancune qu'inspire à son âme la suppression des cinquante centimes qui expliquent le monde. Ah! marchand qui perd ne peut rire! disait le bon Georges Dandin. Mais, tout marchand vexé qu'il soit, c'est dans ses articles intitulés le *Pain quotidien* que nous avons trouvé le nouvel About, — l'About marquis, l'About talon rouge, qui fait jabot et se rengorge, et pirouette, et protège encore (ce qui est plus impertinent que de menacer), tout en menaçant! C'est là que nous trouvons des aveux à faire crever de rire : « Je me flatte de n'avoir fondé aucun régime ; mais la personne de l'Empereur m'est sacrée pour une raison d'*intime hospitalité*. »

Il en use, ma foi,
Le plus honnêtement du monde avecque moi!

disait un des ancêtres du marquis About, en parlant de Louis XIV. Puis, nous trouvons encore cet autre détail lâché de mémoires personnels, qui prouvent bien sur quel pied il est dans le monde : « Un SÉNATEUR de grand mérite m'*écrivait*, il y a quelques mois : « Le moment est venu de répéter tout haut ce que NOUS AVONS tant dit à mi-voix dans l'embrasure des fenêtres... » Enfin, c'est là que la plumette de M. About, qui se croit formidable, a écrit languissamment ceci : « Jusqu'au moment où nous rentrerons dans la loi commune, j'écrirai tous les soirs à cette place sur les choses publiques. »

Ah ! ceci est l'impertinence suprême. Il écrira sur les choses publiques. Ah ! qu'elles se le disent et qu'elles se tiennent bien, les choses publiques ! Et M. Pietri ! et l'Empire ! L'Empire craque à cette menace. Ce malheureux petit Empire qui n'a pour lui que des chaudronniers, des Auvergnats, des postillons (mais, heureusement, avec leurs fouets !), tandis que l'Opposition, le *Gaulois*, les cinquante centimes du *Gaulois*, ont pour eux le marquis About!

14 février 1869.

EMPLATRES ET DÉRIVATIFS

I

Cela continue, — les Réunions soi-disant littéraires, fondées par l'Opposition, — cela continue, multiplie, croît et embellit. Après M. Laboulaye, M. Jules Favre, M. le prince de Broglie, voici M. Jules Simon, voici M. Pelletan, voici M. Saint-Marc Girardin. Une queue *leu leu!* Et laissez-les faire! Nous les aurons tous... Il y a quinze jours, c'était M. Jules Simon qui parlait et M. Saint-Marc Girardin qui présidait, ayant pour acolytes M. Jules Favre et M. Pelletan, et le Dimanche suivant, ç'a été M. Pelletan qui a présidé et M. Saint-Marc Girardin qui a parlé ; car ils se font tous réciproquement la politesse, ils se tiennent tous la bride les uns aux autres ;

tous ils sont tour à tour chameliers et chameaux ! M. Saint-Marc Girardin, l'*étoile* d'aujourd'hui, — une étoile qui ressemble à un œil crevé, — n'est pas de l'Opposition parlementaire, mais il est de l'Opposition académique, et cela équivaut : c'est un vieux garçon rouge de la maison d'Orléans. Après lui, nous verrons certainement M. Paradol, — à moins qu'il ne sache susurrer que derrière le dos des dames qui vont chez madame de Vatry, — M. Paradol, dont le nom semble fait pour toutes ces parades ! Nous y verrons jusqu'à M. Garnier-Pagès, à l'ineffable platitude, M. Garnier-Pagès, devenu, pour les besoins de la cause, un littérateur ! Je vous le dis, nous les y verrons tous, tous tant qu'ils sont, de cette Opposition qui ne sait plus maintenant où donner de la tête parce qu'elle a mal au ventre, et qui, contre cette effroyable colique de *miserere* qui la travaille et que lui ont donnée les Réunions populaires, n'a trouvé que cette belle invention des Réunions littéraires, pour cataplasmes et pour dérivatifs !

C'est aussi bête, du reste, que si le petit Lacédémonien qui avait le renard dans le ventre, avait cru se guérir de son renard avec une mouche d'opium sur le nombril. Le renard enragé que les républicains du Vieux-Chêne et de

Belleville ont introduit dans le petit ventre de l'Opposition parlementaire, ne s'endormira pas sous cette mouche, et il continuera, jusqu'aux élections prochaines, de lui grignoter les entrailles. Dérivatifs, cataplasmes, emplâtres et opium, impuissants et inutiles! Les petites Réunions littéraires, sonnées à double carillon, d'une Opposition qui a peur, seront enfoncées par les grandes Réunions sans orthographe et à pataquès.

II

Et il est bon — moralement — qu'il en soit ainsi. Oui! cela est bon pour l'honneur de la morale éternelle, pour l'honneur de l'Honneur français. La lâcheté ne peut prendre en France. Ce n'est pas un champignon du pays. Quand, par hasard, elle y existe, lorsque, par hasard, elle y montre sa face blème et son attitude abjecte, tout l'art des Scapins et des Crispins politiques ne peut ni la cacher, ni la draper. C'est une scapinade, en effet, que de vouloir envelopper dans le sac des Réunions littéraires sa radicale impuissance et sa peur de Gérontes politiques, alors que s'étant vanté d'être des

Républicains et même des révolutionnaires, on n'ose pas se montrer poitrine nue, tête levée et argument prêt, dans ces Réunions où s'affirme la République des Républiques et l'Égalité, l'Égalité radicale et définitive !

Certes ! nous savons ce que valent ou ce que ne valent pas les Marmousets de ces Réunions populaires où le vrai Peuple, qui a ses goujats comme les Aristocraties ont les leurs, est représenté par eux sans mandat ; nous savons que si l'Empire n'était pas là comme un bouclier de Minerve, planté profondément, jusqu'à l'axe du sol, devant nous, pour nous couvrir et pour nous défendre, nous verrions une de ces épouvantables orgies sociales auprès de laquelle les monstrueuses et sanglantes Bacchanales de la guerre des Anabaptistes, par exemple, ne seraient que de l'eau claire et même de l'eau filtrée. Mais toujours est-il que ces goujats ont au moins le courage, le hideux courage de leurs haines, de leur envie, de leurs convoitises, de toutes les passions qui les contaminent ou qui les rongent, tandis que l'Opposition, qui s'est dit si longtemps leur tête et qui l'a persuadé aux imbéciles, n'a pas, elle, le courage des siennes. Mesquine, égoïste, boutiquière de cœur, n'ayant point la chevaleresque bêtise de ces Lafayette et de ces

Montmorency qui mirent leurs titres de noblesse sur l'autel de la patrie, et n'entendant nullement y mettre ses titres de propriété, cette Opposition de bourgeois sans vaillance n'a pas le courage de s'aligner, sur le terrain de la tribune et de la théorie, en face de ceux qui entendent bien, un jour ou l'autre, la dépouiller! Ce n'est plus maintenant le *spectre rouge* qu'elle a devant elle, c'est bien la réalité rouge, et elle n'ose pas dire à cette réalité rouge : « Vous n'êtes pas nous, nous ne sommes pas vous! Jusqu'ici on nous a crus d'accord et nous-mêmes nous avons voulu le faire croire, mais de ce jour, nous ne sommes plus ensemble et nous ne voulons plus de vous!!! » En cela, moins francs et moins Français que les goujats, ces messieurs... en cela très au-dessous des Duchesne et des Hébert du ruisseau, ces lettrés, vrais ou faux, qui répondent piteusement au Socialisme par de la littérature, caricatures de Girondins !...

Poltrons qui ont cru leur poltronnerie spirituelle, qui se sont dit, comme si c'était la même chose : « On nous attend là, nous irons ailleurs! » Toutes les estrades se valent entre elles; l'important est de s'y montrer et d'y débiter le vieux et petit boniment de liberté qui suffisait naguères aux imaginations des foules, mais qui ne suffit plus, depuis qu'elles sont devenues positives. Il faut avouer, du reste, quand on y réfléchit, qu'ils étaient placés entre deux terribles portes par lesquelles ils devaient passer, entre deux situations cruelles dans lesquelles, soit dans l'une, soit dans l'autre, ils devaient laisser de leur peau : Aller à ces Réunions populaires où ils étaient appelés à grands cris, et là, épouser les idées de ces niveleurs qui veulent, comme ils le disent sur tous les tons, une entière *liquidation* sociale, et du même coup se brouiller, à la veille des élections générales, avec cette bourgeoisie qui les a nommés députés ! — ou n'y pas aller, c'est-à-dire rompre net avec la Démocratie avancée, avec les Républicains de l'avenir, qui sont bien aussi quelque chose dans le présent, et prouver par cette conduite qu'ils n'ont pas une idée à mettre à l'encontre des affreux programmes qu'on exhibe à tout moment dans ces Réunions populaires. Voilà l'horrible angustie dont ils ont souffert, je vous en réponds ! Voilà les deux cruelles situations entre lesquelles il fallait choisir, et ils ont choisi la dernière. Ils ont trouvé qu'il était moins dangereux de s'enfuir que de se montrer; car ne pas aller, c'était s'enfuir! Et ils se sont enfuis. Ils se sont enfuis, mais pour revenir cauteleusement par la tangente de ces Réunions littéraires au public docile et même à la claque laborieusement organisée, où ils filent droit dans leurs discours sans que personne ose les interrompre par une de ces questions, chargées jusqu'à la gueule, qui, à chaque minute, les coucheraient en joue et les fusilleraient au Vieux Chêne. Et ils ont pensé que ces bons bourgeois d'électeurs, qui les ont nommés, se contenteraient, pardieu! de l'invention de leurs petits boui-bouis littéraires et de leurs proprettes tartelettes de liberté, quand la Réalité rouge s'attise et flambe!... et que ce serait assez pour masquer leur lâcheté et leur impuissance, et assurer leur élection future. Seulement, s'ils le pensent, ils seront détrompés !

III

Et le pensent-ils même ?... Lorsque ce pauvre M. Garnier-Pagès, en politique ce frère de Piron (qui en avait un si bête, disait-il), lorsque ce pauvre M. Garnier-Pagès a, l'autre jour, prononcé ce mot, qui est tombé comme de l'huile dans du feu, et pour lequel, plus tard, la *sociale* advenant, on lui trifouillera les entrailles : IL FAUDRA SAVOIR QUI LES PAIE, il a révélé d'une ma-

nière bien éclatante qu'ils ne sont sûrs de rien !
Pour que lui, M. Garnier-Pagès, le décoloré, le
blême, l'exsangue M. Garnier-Pagès, se soit permis l'outrance et l'imprudence d'un mot pareil ;
pour que, monté comme par un tourniquet jusqu'à cette énergie, il ait craché à des républicains comme lui cette terrible accusation de
mouchardisme, qu'il paiera plus tard au juste
poids de l'ignominie dont elle est pleine, il faut
que l'anxiété de son parti lui ait fait perdre sa
malheureuse tête ! Il faut bien que tous, tant
qu'ils sont, ils n'aient pas une foi bien forte dans
les tours de passe-passe que la peur leur fait
faire ! Il faut enfin que de toutes les peurs qui
les galopent, ces héros, la plus grande soit encore
la peur des Élections prochaines !

Et de fait, elles leur apprendront, les Élections
prochaines, que la lâcheté n'est pas seulement
pour les partis un déshonneur, mais que c'est
une sottise en France, et qu'elle n'y peut pas
réussir ! Elles leur apprendront que les défectionnaires n'y enlèvent pas la considération publique, et paraissent toujours y côtoyer un peu
la trahison ! Or, a-t-elle — qu'elle se le demande
comme nous le lui demandons — été défection-
naire, cette Opposition, envoyée à la Chambre
pour faire quelque chose, et qui s'est évaporée

devant les Réunions populaires lorsque les intérêts de ses Commettants y étaient indignement et insolemment menacés ? Nommés par des Républicains bourgeois, retrouveront-ils ces Répucains bourgeois, quand eux, ils ont fait défection devant les Républicains de l'avenir ? Et si quelques-uns de ces derniers leur donnèrent de confiance un vote, est-ce qu'ils ne vont pas le reprendre aux défectionnaires de leurs assemblées et de leurs idées ?... A l'heure de suprême déchirement, si cette heure venait à sonner, de quel côté seraient-ils, ces bourgeois républicains, défectionnaires à la Bourgeoisie, défectionnaires à la République ! Eh bien, défection pour défection ! Ce sont leurs Commettants qui vont être à leur tour défectionnaires ! Ce sont leurs Commettants qui vont leur appliquer la loi qu'ils ont faite, et qui vont les régaler de cette charmante chose, le talion, — de toutes les lois la plus spirituelle !

Défectionnaires sur toute la ligne, punis par l'universelle Défection !

Il n'y a contre cela ni emplâtres, ni dérivatifs.

28 février 1869.

RÉSULTAT

I

La question Haussmann, — car qui titre de son nom le Paris nouveau peut bien titrer de ce même nom une question parlementaire, — la question Haussmann est, nous l'espérons bien, la dernière campagne de l'Opposition contre le gouvernement. C'est le dernier mot important qu'elle avait à dire avant les Élections générales, et elle l'a dit, mais ce mot, pour elle, n'a pas été heureux.

Le gouvernement, la majorité, l'opinion publique n'en ont pas tenu compte. Le *Journal des Débats* lui-même, appelé pendant si longtemps le journal *des Judas* et qui se trahirait en désespoir de cause s'il n'avait personne à trahir, le journal des *Débats*, après avoir, la veille, laissé la parole aux haines économistes de M. Say, l'a reprise le lendemain pour la donner à M. Du Camp, qui, dans son livre sur Paris, a glorifié très justement, selon nous, M. Haussmann, tant, dans cette question de l'agrandissement de Paris, la vérité est claire, impérieusement évidente, arrivant net à tous les esprits, comme la lumière aux yeux bien faits, compromettante et intellectuellement déshonorante, si on la repousse ! Quoique, au point de vue de la morale vengeresse, le *Journal des Débats* ait mérité cent fois de devenir crétin, il ne l'est point assez encore pour méconnaître une chose absolument grande, — et de ce grand-là, — et par là, il faut le reconnaître, il vient d'élever sa tête ambi-face et sa politique ambi-dextre bien au-dessus des petites têtes de linottes politiques de l'Opposition.

II

C'est ce qui nous frappe, en effet, dans la discussion de la question Haussmann : la petitesse des têtes qui discutent... et comme tout doit être petit dans des têtes petites, la petitesse des raisons apportées, comme une poignée de poussière, contre la chose la plus grandiose, à l'intérieur, que l'Empire ait faite! Sur ce point, l'Opposition a été une fois de plus — mais ici dans une occasion des plus solennelles — ce qu'elle a toujours été en France, sous quelque régime que ce puisse être. Ouvrez l'Histoire! Qu'elle ait été même ce qu'elle a pu, cette Opposition, ou protestante, ou frondeuse, ou encyclopédiste, ou girondine, ou libérale, ou démocratique, ça été toujours et c'est toujours la même Opposition! C'est toujours la taquinerie, — la taquinerie éternelle du gamin français. Le gamin, en France, est le vrai fond de l'homme. En Angleterre, le fond de l'homme est encore un homme... Supposez qu'en Angleterre un lord-maire, s'il avait pu, ou un premier ministre, eût réalisé les changements prodigieux que M. Haussmann a réalisé avec cette furie française qui, du moins, nous venge de notre gaminerie française, supposez que l'un ou l'autre de ces deux hommes eût transfiguré Londres comme le préfet de la Seine a transfiguré Paris, et demandez-vous si toute l'Angleterre ne battrait pas des mains unanimement de reconnaissance, et si l'homme qui aurait fait cela ne serait pas roulé dans la pourpre de la plus glorieuse popularité!

Mais nous... mais nous, Opposition française,

têtes de linottes politiques, nous aimons mieux nous jucher et nous percher sur des chiffres et des légalités, de ces légalités dont Viennet — Viennet lui-même ! — disait déjà de son temps : « C'est la légalité qui nous tue », et de là faire nos *tui tui* de faible oiseau contre une chose splendide et puissante, qui se moque bien et de nos cris et de nos becs ! Telle a été, dans cette question énorme, l'attitude de l'Opposition, et particulièrement de M. Thiers, qui représente et résume toutes ces linottes, qui est la tête de linotte en chef et qui les mène comme des grues. Jamais, au grand jamais, le petit homme ne s'est montré plus petit que dans la discussion dernière. Jamais il n'a joué du chiffre et de la légalité, et de l'*irrégularité* (comme il a dit), avec plus de parti pris, d'avocasserie et de mauvaise foi. Ce clown nain de la politique naine, ce vieux Tom-Pouce parlementaire, que l'âge n'a pas encore enkylosé, a vainement essayé de combattre par des arguments de détail, si chers à toute Opposition française, une mesure d'ensemble qui doit être jugée comme elle a été conçue et comme elle a été exécutée ! J'ai lu dans je ne sais plus quelle vieille comédie un mot vrai : « Les hommes d'esprit ne voient que les ensembles. Les sots, seuls, s'attachent aux détails. »

M. Thiers n'a pas seulement, dans la question de la transformation de Paris, discuté tout, mais il a chicané tout, chipoté tout, enberlificoté tout, — car pour dire des choses si petites et si basses, il faut risquer des expressions basses comme elles ! Mais de cette fois, du moins, ça été peine perdue ; de cette fois, du moins, — ce qui n'arrive que bien rarement en France, — l'analyse n'a pas tué la synthèse, les Myrmidons ne sont pas venus à bout d'Hercule. Il peut, si cela l'amuse, Hercule, les emporter dans sa peau de lion : punaises qui ne la mangeront pas !

III

Et ce n'est pas sans une raison que je viens d'écrire ce nom d'Hercule ; car c'est un travail d'Hercule, en effet, que ce triple travail de l'agrandissement, de l'embellissement et de l'assainissement de Paris. Œuvre immense quand on la considère avec les yeux de l'avenir, avec les mêmes yeux que toutes les œuvres du même genre qui, à toutes les époques, ont illustré les gouvernements qui les entreprirent et les exécutèrent ; œuvre plus qu'immense si on la regarde avec les yeux du présent, — avec les yeux particuliers du xixᵉ siècle. On a cité récemment l'agrandissement de Paris par Louis XIV, contre lequel les discuteurs par livres, sous et deniers, qui sont de tous les temps, soulevèrent, sans aucun doute, les petites objections qu'ils soulèvent aujourd'hui contre l'agrandissement de Paris par Napoléon III. Mais Louis XIV avait-il devant lui les mêmes problèmes sociaux que Napoléon III, et en refaisant sa capitale faisait-il autre chose que de rebâtir une grande ville ?... Louis XIV aussi avait vu, il est vrai, les émeutes de la Fronde dès sa tendre jeunesse, et cet homme, digne de gouverner les autres hommes, en garda un souvenir qu'il ne perdit jamais. Mais qu'étaient les vieilles barricades à la corde du faubourg Saint-Antoine et ce coup de canon ridicule de Mademoiselle, qui ne tua rien que son mariage avec son cousin, en comparaison des grandes émeutes, filles de la Révolution française, qui renversèrent successivement trois gouvernements, car le sang versé par Cavaignac n'a pas sauvé la République, et qui, avant qu'on eût touché aux rues de Paris, étaient une menace éternelle de pavés soulevés et de fusils chargés contre tous les gouvernements possibles ?...

Eh bien, c'est en rebâtissant Paris que Napoléon III a débâti les barricades ! Et ce n'est pas tout que cette sécurité donnée à tous les gouvernements qui, en France, ne la connaissaient plus, et que Napoléon III laissera un jour aux pouvoirs qui viendront après le sien, mais, chose certainement meilleure encore et sécurité d'un autre genre et que nous n'attendions pas, celle-là, c'est le paupérisme vaincu, c'est le problème du paupérisme résolu presque par le fait de ces travaux énormes de Paris, — le paupérisme plus à craindre que toutes les émeutes, car il semble les justifier ! Cette sportule qui effrayait déjà le peuple romain, et que toutes les grandes nations sont destinées à traîner après elle, la gloire de Napoléon III, du rebâtisseur de Paris, est de l'avoir occupée et nourrie, et non pas nourrie et occupée à la façon de la sportule romaine et des esclaves, mais à la façon humaine, chrétienne, moralisatrice d'un noble peuple civilisé ! Manière plus belle de désarmer l'émeute encore, Napoléon a fait, tout de suite, avec ses travaux de Paris, ce que n'ont pas fait avec leurs fameux ateliers nationaux tous ces républicains qui ont sans cesse le mot de travail à la bouche et qui ne sont pas capables de mettre deux pierres l'une sur l'autre, si ce n'est dans un but de désordre, de guerre civile et de sang versé.

Magnifique résultat obtenu et qui n'est pas

seulement le fait d'une capitale splendide et saine, d'un alignement de pierres plus ou moins majestueux et de l'étouffement des choléras et de toutes les putridités dans des flots de lumière et d'air pur, mais le fait d'une grande et profonde politique à laquelle, pour cela même, ces *Républicains* bourgeois dont leur *Roi* Louis-Philippe disait : « J'ai voulu en faire une classe politique, mais je n'ai pas pu », n'ont absolument rien compris !

IV

C'est ce résultat, d'une beauté morale devant laquelle s'efface la beauté physique de Paris, que l'Opposition a méconnu, calomnié et rapetissé jusqu'à elle en le discutant. C'est ce résultat, accablant pour ceux qui ne voient dans toute question grave qu'une bonne occasion de *faire des misères* aux gouvernements, que les ministres ont indiqué, mais qu'ils n'ont pas, selon nous, fait saillir autant qu'ils l'auraient pu, obligés qu'ils étaient, d'ailleurs, à descendre vers l'Opposition sur le terrain vulgaire et bas où, devant quelque chose de grand, elle se met toujours. C'est ainsi, et non autrement, que M. Thiers semble avoir communiqué un peu de sa petitesse à de plus grands que lui et qui l'ont élevé jusqu'à eux, comme on fait quand on veut causer avec la poupée. Ils l'ont grandi, en effet, quand ils lui ont reproché comme une inconséquence, à lui, le fortificateur de Paris, le dépensier, sans compter, des millions d'alors, son opinion actuelle sur les travaux de Paris, comme si M. Thiers — a-t-on donc oublié l'Histoire ? — avait été autre chose dans ce pourchas des fortifications de Paris que le valet d'idées de Louis-Philippe, lequel ne *voulut* plus de M. Thiers à dater de la question d'Espagne, mais qui le reprit uniquement pour faire avaler à l'Opposition son idée patriotique des fortifications de Paris, dont la gloire, si c'en est une (et pour nous c'en est une), n'appartient pas à M. Thiers ! Influence démoralisatrice d'une réputation depuis trente ans exagérée, M. Thiers, cette pagode de l'Opposition anti-dynastique, fait de l'effet à ceux mêmes qui, dans cette question du nouveau Paris, devraient ne le regarder que comme un de ces aimables polissons d'espiègles qui passent le long des murs d'un monument et y gravent une malice ou une malpropreté avec la pointe de leur couteau. Certes ! je ne reproche à M. Rouher aucune de ses longanimités, mais ne s'est-on pas trop perdu dans les feux de file de la discussion et les infiniments petits de la chiffraillerie, à propos d'une question plus haute que tous les chiffres, dont les mobilités ne sont à peu près rien quand il s'agit de la grandeur, — immobile, pour des siècles, — de la transfiguration de Paris !

Le mot qui aurait dû enterrer tout, dans sa concision souveraine, de cette discussion sans inconvénient mais qui dévie et qui dure encore, ce mot de l'homme d'État que j'attendais, si Burke ou Royer-Collard avaient été là, aurait été dit !

7 mars 1869.

UNE SECONDE INVITATION

La première avait été faite *in globo*. Les parlementaires, qui font les beaux bras démocratiques, avaient été invités, comme tout le monde le sait, à venir un peu parler démocratie aux réunions populaires. C'était la première *invitation à la valse,* car on voulait les faire valser ! mais elle leur avait paru moins mélodieuse que celle de Weber, et ils avaient fait la sourde oreille. Aujourd'hui, ce n'est plus une invitation en masse que les Réunions populaires ont envoyée à messieurs les parlementaires, mais une invitation en détail. Les choses se précisent. De comique, la situation devient cocasse. M. Théodore Budaille, plus malin que les autres, a invité *à sa salle*, personnellement, M. Jules Simon et M. Pelletan, auxquels il a décoché des cartes d'entrée. Politesse meurtrière.

« Oui ! ma démarche auprès des citoyens Simon et Pelletan — a dit le citoyen Budaille, avec la confiance qu'ils s'inspirent tous, mutuellement, — est une *manœuvre* électorale au bénéfice de mon parti. » Nous allons bien voir si vous êtes démocrates comme nous !

Et M. Jules Simon et M. Pelletan, — ou qui ne le sont pas, ou qui, sentant le *petit souffle* des élections qui leur fait hérisser le poil, ne veulent pas qu'on croie qu'ils le sont comme eux, — ont trouvé le nœud un peu dur de la politesse dans lequel les étreint le Budaille. Le rigide M. Pelletan, figé de la chose, est resté d'abord raidement silencieux, tandis que le mellifluent Jules Simon a cru qu'il coulerait à travers le nœud coulant du citoyen Budaille et qu'il se déroberait par la venelle des excuses : il a prétexté des occupations pour ne point aller...

> ... Il est, monsieur, trois heures et demie ;
> Certain devoir pieux me rappelle là-haut,
> Et vous m'excuserez de vous quitter si tôt !

Et pour le remplacer il a expédié un de ses amis, un aide de camp, pour mieux... lever le sien ! Mais il n'a point abusé l'exigeant Budaille, qui, décidément, tenait à voir le fond de la blague de ces blagueurs de démocratie et à les démasquer !

et à les déshabiller! et à les exhiber dans tout leur *naturalibus* politique!

Seulement, voilà! Le citoyen Budaille, qui, jusque-là, avait été vif et marchait droit et ferme, a donné du nez en pleine bouillie en n'osant ouvrir, pour cette exhibition, *sa salle* qu'à son propre parti... Il n'a pas osé nous l'ouvrir, à nous, les curieux, à nous, le grand public spectateur, et il nous a privés de ce déshabillement anti-carnavalesque, de ce démasquement général. Il a pensé que s'il y avait là du linge sale, il valait mieux le laver en famille... et, véritablement, pour un farouche comme le citoyen Budaille, on ne conçoit pas cette pudeur! Si M. Simon ou M. Pelletan, ou M. Picard, ou M. Jules Favre, ou n'importe qui des guittaristes parlementaires de la liberté, sont des suspects ou de faux frères, il faut les déshonorer hautement et publiquement, puisqu'on ne peut encore les guillotiner... Allez donc voir si Saint-Just, l'inflexible Saint-Just, aurait eu de ces discrétions et de ces délicatesses, et s'il se fût contenté, dans la circonstance, d'une exhibition à huis clos, comme si les juges eux-mêmes avaient peur!

Mais M. Budaille n'est pas un Saint-Just; ce n'est qu'un Budaille. C'est un embarrassant.., mais c'est aussi un embarrassé, et tout aussi em-

barrassé que les autres ; car les Élections so[nt]
toujours là, menaçantes, et parti scindé est u[n]
parti d'avance vaincu. Aussi, sentant l'emba[r]-
ras du Budaille, les braves parlementaires s[e]
sont risqués. Ils ont accepté la seconde invitation, et le *Gaulois* d'aujourd'hui même, qu[i]
avait sans doute sa place marquée à cette Réunion fraternelle et voilée, où l'on ne devait se
donner la discipline qu'entre soi, nous apprend,
avec l'orgueil de la joie, que tout s'est passé le
mieux du monde à la Réunion de la salle Budaille ; que M. Jules Simon y a été *superbe* (sic)
d'indépendance, et qu'il a *déclaré n'être pas de
la démocratie de l'endroit* avec une somptuosité
d'intrépidité héroïque, ce qui n'a pas empêché
les applaudissements de la salle, qu'il faudra désormais appeler : *la salle Lamourette !*

Eh bien, voyez ce que l'on gagne à fourrer la
lumière sous le boisseau de la précaution ! Nous
ne croyons pas un mot du récit du *Gaulois*. Les
bourgeois, dompter les démagogues ! M. Jules
Simon se faire lécher les pieds comme Daniel
dans la fosse aux lions ! Allons donc ! nous ne
croirons jamais cette chose incroyable, si nous
ne la voyons nous-mêmes... Montrez-la donc,
citoyen Budaille, et si M. Jules Simon, ce doux
Daniel en carton pâte, a courbé réellement le

museau de vos chacals sur ses souliers de philosophe, que nous puissions lui en faire notre compliment aux prochaines Élections !

Citoyen Budaille, plus de *Budaillerie!* — Faites-nous donc voir cela ! ! !

14 mars 1869.

LES VIEILLES BARAQUES DE PARIS

I

Il paraît que, malgré M. Haussmann, il y en a encore !

Dans cette ville superbe, assainie et toute neuve qu'on lui doit, *cela* se trouve encore, maculant la magnifique cité et oublié par ce fort balai administratif, qui pousse et emporte, à la joie de nos yeux et à notre délivrance, les vieilles ruines, les vieilles loques, les vieilles lèpres, les vieilles choses inutiles, laides et malsaines ! Or, dans ce genre-là, comprenez-vous rien de comparable à ces vieux pourrissoirs du journalisme d'un autre âge, à ces trois baraques décrépites et pourtant subsistant toujours, de l'*Union*, de la *Gazette de France* et du *Journal des Débats* ?

Ah ! ce ne furent jamais des maisons bien saines, même dans leur meilleur temps ; mais enfin, quoi qu'elles fussent, elles logeaient des opinions plus ou moins vivantes, des hommes plus ou moins vivants, des réalités plus ou moins contemporaines de ces temps-là... déjà lointains ! Elles avaient, dans le cours de la pensée publique, qui va toujours, comme un fleuve, au bas des maisons bâties sur ses rives, une raison d'être là et d'exister... Mais à l'heure que voici, à la minute qui sonne, qu'on dise donc quelle est la raison d'être de ces superfétations mortes, de ces arrière-faix du passé, de ces ruines qui se donnent encore les airs fats de vieilles forteresses !... Quel rapport y a-t-il entre le temps actuel et cette vieille baraque de l'*Union*, croûlée, ou plutôt coulée sous elle-même et sous son premier nom de *Quotidienne*, et refaite, un jour, de deux morceaux : le sien et celui de la *France*, ce vieux journal des Druides de la monarchie absolue, dont la mémoire s'est même évaporée ?... Quoi de commun, avec la vie des générations nouvelles, entre nous et cette radoteuse de *Gazette*, *Étoile* d'abord noyée dans son propre bavardage, ce blockauss ruiné de *Gazette de*

France, ce bouge, qui ne bouge, du jacobinisme à bonnet blanc et du gallicanisme attardé! et même avec le *Journal des Débats* aux trois badigeons : impérialiste, — car il fut d'abord le *Journal de l'Empire*, — royaliste et orléaniste ; des trois baraques la moins vieille, c'est vrai, mais peut-être la plus pestilentielle, celle qui appelle avec le plus d'instance le grand coup de balai purificateur !

II

Triumbaraquat! Trio de vieilleries ! Quand en aurons-nous fini avec elles? Quand auront-elles cessé d'obstruer le chemin qu'elles encombrent?... Lorsqu'un vieux moulin n'a plus d'eau, une machine plus de vapeur, une carène de vaisseau plus de radoub, lorsqu'une voile déchirée reprend plus de vent, on jette au rancart tous ces outillages faussés, impuissants, inutiles, sinon dangereux. C'est un nettoyage, et rien de plus ! Mais un nettoyage, c'est un débarras et c'est une propreté, et nous ne faisons pas, certes ! au *Journal des Débats*, à l'*Union*, à la *Gazette de France*, l'honneur de les croire dangereux autrement que comme des outils qui ne peuvent

plus servir... ou des caques vides, qui infectent
Demandez-vous-le, en effet, ce qu'ils sont d[e]
plus aujourd'hui ces journaux vivant sur leu[r]
passé, ou plutô[t] [m]ourant sur leur passé, comm[e]
des plantes desséchées ?... D'opinion, nous savon[s]
ce qu'ils sont encore, comme on connaît le nom
collé sur la bouteille des vins qu'on a bus ;
mais de *personnel*, nous ne le savons même plus,
tant ce n'est rien ! comme dit Bossuet. Dans
ces trois maisons qui sont allées se lézardant et
que voilà devenues baraques, les habitants ont
croulé plus vite que les murs. L'*Union*, avant
qu'elle fût l'*Union*, était la *Quotidienne*, et la
Quotidienne, c'était Michaud, le vieux malin,
pour ne pas dire un autre nom en *in*, qui appelait,
en riant du rire du diable : *un bon chat aux
jambes* de Marie-Joseph Chénier, l'atroce mensonge de la tête de son frère qu'il y jeta ! Mais
après Michaud, c'est ce vieux Greuse de Laurentie, le patriarche aux homélies éternelles ; puis
Poujoulat. l'enflé Poujolat ; puis les Riancey,
qui, je crois. furent deux et n'eurent pas d'esprit comme un ! Voyez quel escalier et quelle
descente !! Michaud (plusieurs marches !). Puis
Laurentie (plusieurs marches encore !). Puis toute
une volée d'escalier, ce pauvre Poujoulat !
Puis deux volées, les deux Riancey ! Puis, tout

en bas, M. Nettement, sous le dernier degré à terre ; car il faudrait creuser pour aller plus bas...

Et la *Gazette de France !* La *Gazette de France*, tombant, dégringolant de l'abbé de Genoude, qui, du moins, avait une tête fine sous son bonnet de prêtre, qu'il ne mettait pas toujours droit, de l'abbé de Genoude à Lourdoueix, un nom providentiel, le lourd Lourdoueix, le métaphysicien qui crachait (pardon !) des huîtres métaphysiques dans le puits de la politique pour faire... des ronds ! Puis à Sophie Panier, la raclure de la vieille de Genlis. Puis à l'abbé Cassan de Floyrac, dont le bonnet de prêtre, plus mal mis que celui de l'abbé de Genoude, n'a pas la tête de de Genoude ! Puis enfin à Janicot, le cerveau brûlé d'une politique qui ne brûle rien !...

Et le *Journal des Débats !* Le *Journal des Débats*, qui a l'air plus vivant que les autres, et qui est aussi mort, aussi tombé, plus tombé peut-être, si on mesure la hauteur de ses chutes successives, sans rebondissement et sans bruit, de ces chutes mornes et molles et silencieuses qui vont des deux Bertin, les deux constructeurs, de cette maison qui paraissait solide et qu'ont ébranlée ceux qui l'habitèrent, de Bertin *l'ancien* et de

Bertin le *superbe*, à Bertin (Armand) le truffé, pour s'arrêter à Bertin le rapin, qui, comme ses toiles, barbouille actuellement son journal !

Ah ! tous les badigeons n'y feront rien, c'est assurément la plus démolie de ces trois baraques dont nous demandons la démolition aujourd'hui.

III

Oui ! le *Journal des Débats* descendu, culbuté, tombé à pic des Fiévée, des Chateaubriand, des Feletz, des Geoffroi, des Hoffmann, jusqu'à Salvandy, et de là reculbuté à Saint-Marc Girardin, l'enrhumé, la victime des vents coulis, — il n'en faut qu'un pour le renverser ! Puis de là encore à Alloury, le caudataire de feu Dupin, et à John Lemoinne, le vaudevilliste politique dont le cerveau pèse le derrière d'un jockey *entraîné*. Puis de là, roulant toujours plus bas, jusqu'aux gens anonymes, acéphales, sans plume, sans notoriété, qui ont fini par parler belge dans ce journal du beau français et sont présentement les rats de cette baraque qui tremble et dans laquelle ils grignotent leurs dernières miettes de publicité. Weiss en a bien pressenti la destinée finie. Weiss, l'homme d'esprit qui passa par cet habitacle, a flairé le cadavre : *Otons-nous*, dit-il, *car il sent...* et il est allé, castor de l'Orléanisme sans asile, bâtir au loin sa petite maison du *Journal de Paris*. Le castor, nous l'espérons bien, ne sera pas plus heureux que les rats... Mais les rats, cette vermine, attendrons-nous qu'ils se mangent eux-mêmes, et le balai de M. Haussmann, mortel et terrible aux vieilles baraques, ne passera-t-il donc jamais sur celle des *Débats*, cette Ratapolis?

28 mars 1869.

LES LIBRES-PENSEUSES

I

Ouf! C'est fait! Ils ont enfin terminé au théâtre du Prince Impérial leurs exercices de Fagotins oratoires! Un monde fou, billets payés et faisant prime, claque en cartes, rien n'y manquait! M. Saint-Marc Girardin, assez échauffé pour ne plus craindre de rhume, cette fois-là, M. Saint-Marc Girardin, le père Ducantal des *Saltimbanques* de l'Orléanisme, ballonné, gonflé et rouge comme un sonneur de trompe qui va crever, rutilant et hérissé comme le sanglier d'Érymanthe, soufflant et reniflant comme un cachalot enchiffrené, et se ruant, cul sur tête, à l'estrade, a prononcé... que dis-je? a expectoré avec bruit... que dis-je encore ? a vomi avec effraction son dernier discours sur la question de savoir — ô inexprimable bouffonnerie ! — pourquoi Dieu, dans la *Bible*, avait arrêté le travail de la tour de Babel *(sic)*? et M. Jules Favre, qui, si on s'en souvient, avait ouvert, par peur verte des réunions démocratiques, ces assises de la parole parlementaire vaine et vide, instituées pour piper le bourgeois à la veille des élections, a chanté le *Chant du cygne* de l'endroit, dans un discours sur l'*Amour de sa profession* (français bazochien) ! avec des variations sur la condition civile de la femme et le sort actuel des libres-penseuses !

Et je dis trop ! La condition civile de la femme n'y était pas. « J'aurais bien voulu — a dit cet avocat qui rate et fuit comme un rat épeuré les questions significatives — traiter à fond ce sujet de la condition civile de la femme. » Mais il n'a pas osé ; il l'a trouvé trop chaud... Malgré l'*admiration trop sympathique* (c'est vrai !) *qu'il a toujours eue pour le verbe humain*, il n'a pas osé mettre le sien sur cette question. Il l'a ravalé, son verbe... et il s'est rabattu, cet homme à forts sujets, sur les libres-penseuses, ou les libres-mangeuses de ce temps ; car maintenant, c'est tout un ! Qui pense mange, qui mange pense.

Les libres-penseuses, voilà le véritable sujet des discours de M. Jules Favre, devant le col de chemise de M. Garnier Pagès, au théâtre du Prince Impérial. Écoutez ces merveilleuses malpropretés d'un talent dégoûtant et sublime : « L'antiquité était *souillée* — a dit M. Favre — par une lèpre qui SUPPURAIT *au point...* de... faire... regretter sa splendeur (de la lèpre?)... et la dernière suppuration de cette lèpre, c'est la femme (mesdames, saluez ! on n'est pas plus poli !), la femme, cette dernière esclave qu'il faut affranchir ! » Ici, un écart, et un salut ventre à terre de M. Favre à M. Ernest Legouvé, son confrère à l'Académie, un frottement d'échine contre échine à M. Legouvé, ce doux homme, ce Siraudin du petit sexe, si digne (a dit M. Jules Favre) de sa réputation par son talent et *pureté de vue,* lequel, certainement, fera triompher la cause de la femme, et que voilà transformé, de par l'éloquence de M. Favre, en Spartacus de la jupe, en Bolivar de la gent femelle ! Seulement, a-t il ajouté, ce désopilant orateur, il ne faut pas se borner à affranchir la femme, il faut l'élever. Elle est mal élevée : « Il faut la *revêtir de travail* (difficile, je crois !) comme d'une espèce de cuirasse. » — « L'éducation de la femme, citoyens, — a-t-il continué d'un ton pleurailleur et paternel et de

10.

cette bouche charmante dont la lèvre pendante verse ordinairement le venin comme la lèchefrite verse la sauce, — l'éducation de la femme est l'objet de nos *sérieuses* et *paisibles investigations !* »

II

Et sur le coup, il s'est mis à *investiguer;* il a été sérieux et paisible. Sérieux à faire pouffer de rire. Paisible, il le fallait bien. Le commissaire était là... Il a parlé de cette institution nouvelle, de cette école des libres-penseuses, ou mangeuses, fondée par Mme Élisa Lemonnier, sous le patronage de Mme Jules Simon, autre libre-penseuse ou mangeuse. *Cœur ardent et délicat,* a-t-il dit de Mme Lemonnier, et d'une si grande ardeur, et d'une si grande délicatesse, qu'elle a mis Dieu et toute espèce de religion à la porte de son école ! Les jeunes filles élevées dans l'établissement de ce cœur délicat, le sont comme de jeunes chiennes. On leur apprend un métier comme on apprend aussi aux chiens à chasser, à tourner la broche, à faire l'exercice et même à jouer aux cartes, comme y jouait Munito, mais de Dieu, de l'âme immortelle, de religion quelconque... rien ! Pas plus qu'à des chiens ! Et il y a plus. C'est une condition *sine quâ non* de cette éducation de libre-penseuse, que l'impiété, la plus radicale impiété. Pas de métier ! crevez de faim ! si vous faites un seul signe de croix ou de piété. Levez seulement les yeux au ciel, et on vous jette dans la rue !

M. Jules Favre (ses amis le lui ont assez reproché) va parfois à la messe, comme s'il y croyait, et voilà pourtant ce qu'au théâtre du Prince Impérial il proclame *délicat* et glorifie ! Il est contre l'Église pour les libres-penseuses, ces chignons révoltés, ces petites têtes scélérates, dont la scélératesse n'est égalée que par la bêtise, qui fondent des écoles pour en supprimer Dieu et les choses divines et n'y admettre que l'imbécile *devoir* de M. Jules Simon, et encore peut-être par amitié pour Mme Simon ! M. Jules Favre est pour tout cela. Est-ce par entraînement ou par hypocrisie ? Le but de ces écoles, qu'il voudrait voir se multiplier, c'est, dit-il, de permettre à la femme de *regarder en face le libertin qui reculera devant son indépendance*.

O jocrisse ! Et il a dit cette phrase sans rire ! Et il n'a pas reculé, lui, devant la *dépendance* de cette sottise, qu'évidemment il ne peut pas penser. Quoique nous n'estimions guères, comme chose pensante, la tête en capote de cabriolet de M. Jules Favre, cependant nous croyons que, sans l'esclavage de l'homme de parti, il n'eût pas prononcé cette phrase par laquelle il a terminé les ridiculités de ces séances publiques que voilà finies, et qui a transformé le chant du cygne mourant en chant d'oison !

4 avril 1869.

LA DERNIÈRE CONSIGNE !

I

Quand nous vous disions que cela ne leur servirait à rien, leurs platitudes et leurs finesses, aux Gorgias de l'opposition parlementaire, nous étions sûr de notre affaire, nous ne pouvions pas nous tromper. Leur art du sophisme et de l'échappatoire devait être primé et *brimé* par la droiture brutale du parti qu'ils croient dominer et qui les mène. Le parti socialiste — le parti des Peyrouton et des Gaillard — vient d'adresser sultanesquement le fetfa le plus insolemment impérieux à ces parlementaires, qui sont allés avec beaucoup de façons répondre, comme de petits garçons, mis sur la sellette par leurs maîtres, aux questions de la Démocratie inquisitoriale, — dont le bûcher doit venir plus tard... M. Jules Simon entre tous, M. Jules Simon, ce pauvre talent tout en cartilages, dont la souplesse tient au manque d'os, de muscles, de nerfs et de solidité, avait, comme un acrobate, dansé, non pas *sur* les œufs, mais *entre* les œufs sans en casser un seul, répondant par des subterfuges à des questions directes, se disant socialiste... mais des futures calendes, socialiste de l'avenir, mais simple *gauchier* du présent, bourgeois et propriétaire *électoralement*, — mais après les élections, qui sait ? peut-être communiste, égalitaire et peuple. « En deux mille quatre cent quarante ! » comme disait Mercier. Et après avoir dit tout cela, croyant les avoir *mis* parfaitement *dedans*, ces Jacques Bonhomme qui ne sont pas tout à fait si bons hommes, M. Jules Simon était rentré chez lui, se frottant les mains et paraissant grand... peut-être à sa femme, la libre-penseuse, quand, tout à coup, le voilà repris par l'oreille, et ramené sous l'ongle qui la fait saigner, à la dure sellette accoutumée, devant le magister intraitable.

— « Écoutez ! — dit-on à l'ancien professeur, qui n'est plus ici qu'un écolier : — Vous êtes *sommé* de faire connaître, et *sans réticence aucune*, non pas vos idées sur l'avenir de l'humanité (dont nous ne nous soucions guères), idées d'autant plus vagues qu'elles s'appliquent à un avenir plus éloigné, mais ce qui est *bien différent et bien autrement important,* les mesures législatives qui vous paraissent nécessaires et suffisantes pour accomplir ce que nous appelons la RÉVOLUTION SOCIALE. »

Et comme le cercle de Popilius dans lequel ils enferment M. Simon par ces paroles ne leur semblait pas ni assez net, ni assez étreignant, ils le resserrent et le redoublent, en disant aux *divagateurs,* pour les punir du mot déplacé de M. Jules Favre, qui, certainement, *divague* beaucoup plus qu'eux :

— « Vous formulerez un ensemble de mesures législatives telles que, la liberté du travail et la liberté des transactions sauves, l'égalité des conditions en résulte progressivement et PROMPTEMENT, sans spoliation ni banqueroute. »

Et PROMPTEMENT ! ! ! ! Entendez-vous siffler ce *promptement ?* C'est le coup de fouet sur les reins de la bête peureuse qui regimbe, et qui doit la faire détaler !

II

Eh bien, détalera-t-elle ?... C'est une question encore. Mais avouons que les animaux les moins développés ont une logique, puisque les socialistes démagogues ont la leur ! Le sens de l'intérêt remplace parfois l'intelligence. Ils ont compris qu'on les bernait, comme s'ils avaient été intelligents ! Ils n'ont pas avalé le galbanum qu'on leur débitait, et prenant dans l'étau des sommations, inévitables et pressantes, ces bavards menteurs et fugaces comme le mercure, ils ont imprimé un tour de plus à leur tourniquet, et ils vont les étrangler s'ils ne répondent catégoriquement et promptement, et surtout PROMPTEMENT ! sur la manière d'amener la *liberté du travail et des transactions sauves, et sans spoliation et sans banqueroute*, la révolution sociale qu'ils espèrent, demandent et veulent, et croient possible demain. Ah ! pesez tous leurs mots ; ils sont lourds. Ils n'ont pas affaibli le problème : La liberté du travail et des transactions respectées ! La révolution sans spoliation et sans banqueroute, c'est-à-dire une révolution sans révolution ; comme on dit vulgairement : une omelette sans casser des œufs ! Qui ne sent pas un atroce piège à loup sous ces belles paroles ? Qui ne sent pas, sous ces réserves perfides, l'abîme, le terrible abîme de l'impossible, où, s'ils répondent, ils vont tomber ? Car même ceux qui leur tendent le piège et qui les y poussent, ne pensent pas, n'ont jamais pensé que la révolution puisse un jour arriver sans spoliation et sans banqueroute, et croyez-vous même qu'ils en voudraient à pareil prix ? Croyez-vous que si la révolution future était aussi douce, innocente et rosière que cela, ils ne la renverraient pas à ceux qui l'auraient faite, eux qui, les premiers, ont appelé cette révolution une liquidation sociale, la couvrant et la caractérisant tout à la fois de ce mot hypocrite de liquidation dont on couvre l'ignominie de toutes les banqueroutes, depuis qu'il y a des faillis et des banqueroutiers !

Ainsi, mise en demeure nouvelle. Pauvre M. Jules Simon ! Pauvres parlementaires ! Ils s'imaginaient que c'était fini... que le danger était passé et les questions escobardées. C'était une erreur agréable. L'incendie, qu'on croyait éteint, se rallume. Les questions deviennent plus roides. Il ne faut pas seulement parler, il faut écrire... Les paroles volent, mais les écrits restent ! Il faut formuler un programme... pour tout à l'heure. Il n'y a plus le temps d'attendre. La démagogie est comme Louis XIV, elle ne ne veut pas *faillir attendre*... Allez donc, Messieurs !

III

Se tireront-ils de là ?... La passe est rude, — plus rude que la première.

Il ne s'agit plus de passe-passe d'attitudes ou d'escapades de paroles : il s'agit d'idées, et tout le monde sait qu'ils n'en ont pas.

Prenez tous les livres de M. Jules Simon et tous les discours de M. Jules Favre, et cherchez-en une seule dans ce torrent de verbosités ! D'ailleurs, quand ils en auraient plein leurs deux têtes, leurs personnes sont assez compromises pour que ces idées n'eussent plus d'empire sur ceux qui les exigent. Est-ce que, dernièrement, on n'a pas crié dans les réunions populaires : *A bas Jules Favre !*

Jules Favre, qui les avait insultés, — disaient-ils, — en les appelant des *divagateurs !* Et M. Jules Simon, moins conspué, que pourrait-il cependant leur dire qu'ils pussent accepter venant de lui, l'ancien libéral et clérical quoique philosophe, le *coalitionné* de présent avec M. Saint-Marc Girardin, l'orléaniste, l'universitaire, le voltairien du *Journal des Débats*, l'auteur de la préface des *Lettres* de Voltaire, et qui n'en va pas moins à la messe comme M. Jules Favre ! Têtes anarchiques, tous, en religion et en philosophie comme en politique, vains claque-dents de tribune ou de chaire, qui n'ont rien plus haut que la bouche ! tous, par conséquent, radicalement incapables d'obéir à la hautaine consigne que les caporaux de la démagogie socialiste viennent aujourd'hui de leur donner.

11 avril 1869.

LE JUBILÉ NAPOLÉONIEN

I

C'est l'Empereur qui a trouvé ce mot heureux de Jubilé. C'est lui qui a emprunté à la Religion un des mots de sa langue pour caractériser cette centième année depuis la naissance de Napoléon Ier, qui doit se reverser en bienfaits sur ce qui reste de ses vieux soldats. La lettre de Sa Majesté au ministre d'État, que les journaux ont publiée cette semaine, n'est pas seulement une page d'Histoire pour les historiens, mais c'est une page d'Histoire écrite par l'Empereur lui-même.

II

Assurément, s'il y a quelque chose de commun dans la politique des hommes, c'est l'ingratitude. On l'en dirait presque la loi. La politique est comme la Nature. Asservie à ses lois immortelles, la Nature, qui ne voit que les masses, sacrifie sans pitié les individus à la perpétuité des espèces, et la politique, qui ne procède que par ensemble et ne se soucie que des résultats, fait souvent comme elle. Mais quand, dans des jours trop clairsemés le long des annales de l'Histoire, la politique condamnée à n'avoir que de la tête peut se permettre d'avoir du cœur, alors elle prend un caractère sacré qui touche profondément l'âme des peuples, et ce n'est pas une force comme la Nature, — mais une autre... comme la Religion !

Et voilà ce que l'idée de Napoléon III l'a faite aujourd'hui. Le Quinze Août prochain sera un de ces jours rares où la politique revêt tout à coup le caractère providentiel ; car le caractère providentiel est surtout de pourvoir aux besoins des hommes et de compatir à leurs maux. A l'approche du centième anniversaire du grand Empereur, Napoléon III a évoqué plus fort que jamais dans son âme la pensée de ces vieux soldats dont les épaules furent le pavois du Pharamond de la quatrième race, et qui, colonnes d'héroïsme et de chair à canon, mettent, comme des colonnes, du temps à crouler, et durent encore... Quoique dans le feu de la fondation du second Empire Napoléon III n'eût pas oublié les fidèles et vieux serviteurs du premier, il ne s'est pas pour cela apaisé de reconnaissance, et prenant à sa charge, par-dessus la sienne, celle qu'aurait à cette heure pour ces vieux débris des guerres anciennes le centenaire Napoléon, il a voulu que leur sort, amélioré déjà, s'améliorât encore, et que la terre fût moins dure pour eux dans laquelle ils vont bientôt dormir leur dernier sommeil. Superbe politique de reconnaissance ! Si, comme l'a dit une grande parole : « dans le pain que mange la France il y a du sang de l'armée », Napoléon a dû se souvenir qu'il y a du sang de ces hommes auxquels il vient en aide une dernière fois, dans le pain de sa dynastie !

Du reste, cette politique de reconnaissance, qui renferme le sentiment de la gloire du passé et la foi aux grandeurs de l'avenir, a été d'autant plus facile à Napoléon III qu'il est naturellement le plus reconnaissant et le plus fidèle des souverains à ceux qui l'ont servi, lui ou sa race, ne fût-ce qu'un seul jour. L'Histoire, dont les partis peuvent couvrir un instant la voix immortelle de leurs fausses et sottes clameurs qui doivent mourir, le dira un jour à ceux qui viendront derrière nous : Napoléon III a toujours montré le sentiment de la reconnaissance, inconnu à la plupart des princes, et le meilleur ciment qu'il y ait peut-être entre un peuple et une dynastie. Les races qui, dans le temps, ont immédiatement précédé la sienne, sont tombées par l'ingratitude. Les Stuarts furent ingrats. Les Bourbons aussi. J'ai entendu les cris de leurs derniers serviteurs ! Les Bonapartes, eux, ne le sont point. Ils ont la profondeur qui se souvient... Après le Testament de Sainte-Hélène, voici le Jubilé National ! Henri IV disait avec la confiance de l'homme adoré : « Qu'ai-je besoin de faire pour mes amis ? Je suis sûr d'eux ! C'est mes ennemis qu'il faut avoir. » Parole imprudente ! Sentiment qu'il semble avoir passé à toute sa race et qui l'a perdue... Certes ! cette cynique confiance a aussi son côté sublime, — mais j'aime encore mieux le sublime de la reconnaissance et je le crois plus sûr pour la race des Napoléons.

18 avril 1869.

LES MORALISTES ÉLECTORAUX

I

Ils sont clairsemés, mais enfin, il y en a ! Il y en a, quoiqu'on ne conçoive pas très bien qu'il y en ait, quoiqu'on ne conçoive pas très bien que la *morale indépendante* fasse des esclaves du devoir, quoiqu'on ne conçoive pas très bien qu'il y ait des jansénistes et des puritains parmi les bonnets rouges de la Démocratie, — parmi ces gens sans foi, sans loi, sans Dieu, et qui, tout à coup, font les renchéris et les bégueules sur la question du serment, à propos des Élections prochaines, et se couvrent de la robe hypocrite de Vestales politiques...

Les Vestales d'aujourd'hui sont de vieilles Vestales, enterrées depuis des années, toutes vivantes, dans le plus profond oubli, qui se déterrent elles-mêmes pour venir parler de leur vertu luxueusement farouche et à laquelle personne n'en veut !

II

La première de ces demoiselles immaculées, c'est M. Edgar Quinet. M. Edgar Quinet, qui fut Edgar un jour ; M. Quinet, auquel nul parti ne pense, même le sien ; car il s'est brouillé avec le sien depuis son ouvrage sur la Révolution française, avortée — prétend-il ; parce qu'elle n'a pas créé la Religion révolutionnaire, parce que la guillotine, qui n'a pas mal fauché pourtant, n'a pas fauché assez dru et assez ras pour couper la racine du catholicisme : le redondant, l'enflé, le gros Quinet, mais dégonflé, aplati, protestantisé, *ensuissé*, et qu'on

A fait venir (Non ! mais *partir*) *d'Amiens pour être Suisse !*

M. Edgar Quinet ne s'est-il pas offert, ces jours derniers, une candidature à lui-même, — pour avoir le plaisir de se la refuser à lui-même, pour avoir l'occasion, qui ne se présente pas tous les jours, d'accomplir ce magnifique rond de jambe...

de conscience, faisant son pas de trois en ballonnant comme une danseuse...

— « Ma conscience — a-t-il dit — ne me *permet* pas de prêter le serment, puisqu'on l'exige pour être député ! »

Et l'autre Vestale, c'est Barbès, — ce n'est ni plus ni moins que Barbès ! — Barbès auquel, du moins, quelques vieux fétichistes de 1848 et de ses beaux jours ont offert ce qui manque à Quinet : une candidature ; Barbès, qui n'est pas de la religion révolutionnaire rêvée par Quinet, l'*étouffeur dans la boue* du catholicisme, en attendant le sang ! — Barbès, l'homme d'action, — de l'action bête, il est vrai, mais violente, — fait la sensitive à son tour, et, Clarisse Harlowe politique à faire crever de rire, répond, avec des rougeurs de fille outragée, à ces Lovelaces qui lui offrent une candidature : « que sa conscience ne lui permet pas de prêter un serment de fidélité à l'Empire ».

Toujours la conscience ! La conscience du renard, qui trouve les raisins trop verts...

Ils sont trop verts ! dit-il... *Bons pour les Gambettas !*

Car c'est M. Gambetta à qui M. Barbès renvoie ses électeurs. C'est M. Gambetta qui, selon M. Barbès, est le goujon de l'affaire. M. Barbès dit implicitement, avec le sans-gêne d'un grand seigneur, aussi grossier qu'un parvenu : « Cela n'est pas bon pour moi, mais cela est assez bon pour vous ! Ma conscience vomirait... mais la vôtre avalera très bien. »

Exemple charmant de l'estime qu'ils ont les uns pour les autres, ces démocrates, et de la manière dont ils entendent l'égalité, ces égalitaires ! Ah ! ils se croient égaux. Mais, selon Barbès, combien faut-il donc, pour faire sa conscience, de consciences de Gambetta ?...

III

Oui ! combien en faut-il ?... Tenez ! laissons cela. Laissons ces saltimbanques d'égalité qui se hiérarchisent eux-mêmes ! car la hiérarchie, cette chose inévitable, les rattrape et les courbe, ces anarchistes qui veulent lui échapper. Barbès n'est point Gambetta, et Gambetta n'est point Barbès. Laissons cela ! Mais parlons du serment lui-même, — du serment devant lequel ils font mine de se cabrer et devant lequel ils ne se cabrent pas, attendu que le jour où les institutions le leur imposent, ils le violent et ils le traversent.

Le serment ! C'est une question depuis déjà bien longtemps. Être contre le serment, c'est presque une théorie, et les théories, on le sait, c'est une tranchée pour les partis. Ils se mettent derrière à plat ventre, et de là tirent leurs coups de fusil... Le serment, — ce lien chevaleresque et religieux qui reste encore dans une société qui n'est plus ni religieuse, ni chevaleresque, le serment est odieux à ceux qu'il gêne encore, non parce qu'il est une bassesse pour ceux qui le prêtent en comptant le violer, mais parce qu'on *peut le leur reprocher* comme une bassesse, — le serment ne peut embarrasser que ceux qui sont très disposés à le violer. Il est si aisé, en effet, de faire le Joseph, quand il n'y a pas là du tout de madame Putiphar ! Mais le serment est, pour cela même, — et depuis des années, — une question qui revient périodiquement, au tournant de toutes les législatures. C'est là un vieux cliché connu : « Rien n'est plus immoral — disent-ils — que le serment !... » Et pourquoi ?...

Pourquoi un gouvernement qui croit encore à la parole d'honneur en France, cet antique pays de l'honneur, n'exigerait-il pas du second corps de l'État, de la *seconde partie de lui-même*, — car le gouvernement est composé, aux termes de la

Constitution, de l'Empereur, du Sénat et du Corps législatif, — un serment qui est un baptême, le baptême de ceux qui entrent dans la communion du gouvernement ?... Ici, — notez-le bien ! — il ne s'agit pas d'opposition à une politique déterminée. Les gouvernements comme le nôtre ne repoussent pas, mais admettent, mais provoquent, au contraire, l'opposition de la discussion et des conseils. Mais ce qu'il ne peut pas admettre, ce que la loi morale, le bon sens, rien enfin ne saurait admettre, c'est l'opposition dynastique, c'est la haine du gouvernement même, c'est le dévouement à sa mort, c'est l'entrée dans ce gouvernement à travers des serments de fidélité pour mieux le tuer! Certes! moralement et politiquement, le gouvernement a cent fois raison de maintenir ce serment, qu'ils voudraient voir supprimer pour être bas tout à leur aise, pour assassiner sans qu'on pût leur dire : « Vous êtes des traîtres et des parjures ! » Le gouvernement, en maintenant le serment, se couvre d'un dilemne irrésistible : Ou vous êtes d'honnêtes gens moraux, qui avez le respect de ce que vous faites, et le serment prêté par vous est la meilleure des garanties; — ou vous êtes des ennemis *per fas et nefas*, qui n'avez de moralité d'aucune espèce et qui ne croyez qu'à vos haines, et le serment, si vous le prêtez, vous déshonore. Voilà pourquoi il faut le conserver !

Et ceci est de la politique, — de la vraie politique, pour ceux qui l'entendent...

Nous voilà bien loin, comme vous voyez, des Quinet, des Barbès et des Gambetta !

2 mai 1869.

LES REVENANTS

I

On les croyait morts, — enterrés, — finis, — et voici que tout à coup ils reparaissent! ils reviennent!... Ils sortent, qui de l'oubli, — leur vaste cimetière à tous, — qui de l'exil, comme Bancel, qui du Palais, comme celui-ci, le vieux Crémieux, qui vient de montrer non pas la hure terrible de Mirabeau, mais la chose qui lui sert de visage, aux électeurs de la Drôme. Oui! Crémieux, le patriarche Juif, le vieux Crémieux, qui, d'avocat, devenu, un jour de sens dessus dessous, gouvernement, et redevenu, de gouvernement, avocat, — Gros-Jean comme devant! — quitte aujourd'hui sa caverne à chicane où il était rentré et où il ne dormait pas, comme Épiménide, mais bavardait depuis vingt et un ans, et se propose gaillardement aux électeurs de la Drôme et se risque à leur demander s'il n'y aurait pas encore quelque petit bout de gouvernement pour lui!! Il est vrai que pour se recommander à eux, pour mieux représenter les *pures* opinions républicaines et non pas les intérêts du sol qu'il faut partager, et peut-être aussi pour éviter ce partage, bon pour les autres, mauvais pour soi, il a vendu, cet habile Crémieux, toujours Juif, c'est-à-dire fort en placement d'argent, toutes les propriétés qu'il avait dans le département de la Drôme.

« Là ! là ! — dit-il, — comme cela, c'est plus sûr... Électeurs, ennemis de la propriété ! je me suis stoïquement débarrassé des miennes... Je n'ai plus que mes opinions, nommez-moi !... »

II

Ses opinions... je voudrais les connaître. Les opinions d'un homme qui a des opinions sont quelque chose de réfléchi et d'accepté, de continu, de fixe, autour de quoi tourne la vie et qui la pénètre, et qui lui donne son intelligence et sa dignité. Eh bien, y a-t-il, peut-il y avoir quelque chose qui ressemble à des opinions dans ces moulins à parole qui tournent dans tous les sens et à tous les vents, et que l'on appelle des avocats. Or, M. Crémieux est un avocat. C'est même plus qu'un avocat. C'est le type de l'avocat consommé et qui se vante de l'être. Sa fortune politique, qui fut une infortune par le résultat, — car c'est toujours un malheur humiliant que de n'être pas à sa place quand la place est élevée, — sa fortune politique vient de ce métier d'avocat dont on ne peut pas dire que le Crémieux politique est sorti, puisqu'au pouvoir il n'a jamais été rien de plus qu'un avocat encore ! Son passé, au nom duquel il pérore aujourd'hui et plaide pour lui-même, nous le montre éternellement avocassant au Gouvernement provisoire, n'ayant d'autre fonction que la harangue à tout venant. Inoffensif de sa personne excepté de visage, — de ce visage qui aurait été une cruelle offense pour le regard, si Dieu n'avait versé je ne sais quoi de spirituel et de bouffon dans ce mascaron crêpu de Quasimodo bon enfant, — il obtenait avec ses grimaces éloquentes le succès que l'autre Quasimodo obtint avec la sienne. Il bavardait dans tous les attroupements. Il s'y répandait, il s'y déversait, il s'y fondait de toutes manières, il savait y être familier et même tendre, il y donnait des tapes sur le ventre à tout le monde. M. Thiers, lui, ne tapa que sur le ventre de Lord Grey, et la chose est restée célèbre et retentissante. Mais M. Crémieux, aux jours de sa popularité et de sa puissance, a peut-être tapé sur tous les ventres de Paris. Ce furent là ses seuls actes de gouvernement. Les jours où le temps se chargeait et où il se préparait quelque sédition ou quelque barricade, on vous expédiait le Crémieux à tous les malandrins d'émeute et on vous le leur lâchait avec son jaillissement et sa pluie de paroles, comme la seringue de Lobau ! Et il produisait le même effet. L'émeute mouillée se dispersait. Fonction utile, je ne le nie pas, mais qui fut la seule qu'il remplit au Gouvernement provisoire. Avec l'Empire, qui emploierait probablement d'autres moyens de dissiper l'émeute que les rigoles de l'éloquence, la fonction de M. Crémieux est supprimée, et les électeurs de la Drôme lui apprendront que l'homme politique, s'il crut l'être jamais, est définitivement coulé !

S'il avait, au moins, à défaut d'opinions politiques décidées et fermes, seulement de la conscience, seulement le sentiment de la responsabilité ; mais non ! M. Crémieux a toujours été irresponsable. Mais, rongé nécessairement par cet affreux métier de sophiste et d'avocat qui fut sa vocation et qui dévore tout ce que nous avons de stable et de moral dans notre âme, cet antique brocanteur de paroles n'est, en tout et partout, qu'avocat, — l'avocat qui plaiderait aussi indifféremment pour Lacenaire que pour l'Archevêque de Paris! Ceux qui furent le plus ses amis, ceux qui se sont le plus laissé prendre aux grâces d'Arlequin de ce faux bonhomme, farceur et pleurard tout à la fois, indulgent comme il est impuissant, et qui enterrerait, soit en riant, soit en pleurant (au choix!), toutes les iniquités sous toutes les miséricordes, pourraient seuls nous dire ce qu'il faut entendre par la moralité de ce vieux clown de barreau qui n'a peut-être, sous tous ses lazzi et sous toutes ses larmes, qu'une seule chose immuable et profonde, — l'implacabilité du Juif. Ah! ici l'homme durcit... Ici apparaît Shylock-Polichinelle, chez lequel Polichinelle n'a pas tué Shylock. Mais, allez! le polichinelle détraqué dans une société détraquée, qui, pour une sensation de rat pris dans un tiroir, a gardé au gouvernement qui l'a coffré quelques heures à Mazas, dans un but d'ordre et d'autorité suprêmes, une haine de vingt et un ans, une haine de Shylock, et qui, sur le bord de sa tombe, vient demander aux électeurs d'un département de lui donner, en le nommant député, le couteau avec lequel il prendrait très bien la livre de chair sur le sein du gouvernement qu'il déteste, offre un spectacle trop odieux pour être jamais un danger.

Polichinelle a beau être amusant, divertissant, attendrissant, les électeurs de la Drôme ne seront pas dupes de son bien dire. Ils ne verront que le Juif aux biens vendus par précaution, par peur de la révolution prochaine, le Juif à la haine et à la rancune éternelles! Ils ne verront que le Shylock.

9 mai 1869.

LE VIS-A-VIS DÉFINITIF

I

Eh bien, sont-ils assez aplatis, les républicains et les libéraux parlementaires ?... Ces républicains et ces libéraux sans idées et sans résolution, ces fuyards des réunions populaires, vous avez vu la réception qu'on leur a faite dans les réunions électorales ! Vous avez vu M. Jules Favre sifflé et resifflé avec une insolence voyoucratique, M. Jules Favre, le Démosthène d'hier, dont les pataquès ont perdu leur puissance ! Vous avez vu l'avocat Marie, l'organisateur des ateliers nationaux désorganisants, l'un des eunuques de ce Gouvernement provisoire qui défit tout et ne créa rien, reçu à Marseille, non pas comme un bonnet rouge, mais comme un queue-rouge qu'on ne veut pas laisser parler et qu'on force à quitter les planches! Il en a pleuré, dans une lettre lamentable, — le crachoir de ses larmes, — ce pauvre M. Marie! d'avoir vu son éloquence renfoncée et bondée avec un si brutal mépris. Vous avez vu M. Garnier-Pagès fouaillé d'injures, comme il convenait, dans la cinquième circonscription, pour sa peine (très méritée) d'avoir accusé les réunions populaires d'être des nids à mouchards, et, pour éviter cette atroce fouaillerie, ne paraître plus aux réunions électorales et s'accroupir derrière une petite profession de foi embarrassée, pénible, constipée de peur, de lignes rares, — un crottin! Vous avez vu l'illustre Gaudissart-Prudhomme, M. Thiers, qui ne réussit pas sur les bourgeois, n'osant se risquer devant la *vile multitude* qu'il a insultée, et sur laquelle cet ancien Bébé de Talleyrand, avec sa taille de nain et sa voix enrouée, n'agirait pas! vous l'avez vu s'exhiber mystérieusement, orateur en chambre de l'Orléanisme, devant des auditeurs en carte. Vous les avez enfin vus, tous ces anciens meneurs, qui ne mènent plus rien et que présentement on malmène, républicains et démocrates *pour de rire* qui croyaient qu'on pouvait s'arrêter à mi-côte de république et y bâtir *trois tentes* et plus où l'on ferait ripaille, et qui se trouvent tout à coup nez à nez avec des Républicains *pour de bon!*

Ah! ce sont ceux-là qui vont faire plutôt ripaille d'eux... Vis-à-vis définitif et redoutable! Certes! nous avions assez prévu, assez prophétisé qu'il viendrait un jour, ce vis-à-vis. Nous avions assez dit qu'il était logique, qu'il était fatal, qu'il était dans la nature des choses. Le voilà donc arrivé, déjà! Les partis *vont aussi vite* que les *mots*. Le terrible *marche! marche!* de Bossuet s'applique à eux dans sa rigueur impitoyable. Oui! en quelques jours, tout a été bâclé. Nous n'en sommes plus aux Jules Favre, aux Garnier-Pagès, aux Marie, gens dépassés, foulés aux pieds, de la première heure, simples sonneurs de cloches et des Vêpres que d'autres veulent chanter. Nous dégringolons de ces messieurs, qui ne sont pas pourtant des sommets bien hauts, pour tomber... où?... pour tomber à des Briosne, à des Gaillard, à des Gambetta, à des Vallès, qui auront aussi un jour plus bas qu'eux, qui les dévorera. Le Saturne de la Révolution a toujours son même appétit d'ogre. C'est, d'ailleurs, une nécessité. Jusqu'au dernier terme, jusqu'à la dernière conséquence qui dort au fond de leurs inconscientes entrailles, il faut que les principes accouchent de tout ce qu'ils ont dans le ventre.

Lancés une fois, ceux qui veulent s'arrêter ne peuvent pas, et les intermédiaires entre les extrêmes, comme les doigts d'un enfant pris entre deux portes, sont écrasés !

II

Que les électeurs qui vont voter dans deux jours, le sachent bien !... Qu'ils se débarbouillent l'esprit de la misérable, honteuse et traîtresse logomachie des journaux bêtes et des journaux fripons ! Sous toutes ces mendiantes proclamations de candidats qui quêtent des votes à genoux et leur chapeau devant eux, par terre, comme des aveugles au bout d'un pont, avec leur écriteau sur l'estomac, car ces gens-là n'ont pas de poitrine, il n'y a, en dehors des phrases hypocrites et des clichés imbéciles sur le gouvernement du pays par le pays et le développement des institutions de liberté, que cette idée rouge, visible, comme l'écarlate, à qui n'est pas myope comme une taupe :

« Nous voulons ce que vous avez ! Nous voulons, sans travailler, ce que vous et les vôtres avez acquis en travaillant ! Nous voulons la *liberté* de vous en dépouiller, l'*égalité* de vous mettre à la porte de ce qui vous appartient, et la *fraternité* de vous couper le cou, si vous résistez ! »

Voilà la question. Et sous les phrases, la vérité sans phrases. Dites-vous-le, Électeurs !

Rappelez-vous que les futurs Consuls de la République criaient, il y a trois jours, à Mazas : VIVE LA GUILLOTINE !

23 mai 1869.

HIC JACENT!

Morts, tous! Mais pas au champ d'honneur! Ils ont été exécutés et massacrés avec une précision brutalement exterminatrice. Légitimistes, orléanistes, libéraux, républicains modérés, ces délicieuses nuances qui fusionnaient et se salissaient les unes par les autres en fusionnant, tout cela n'existe plus. Tout cela jonche, à présent, mélancoliquement le sol. C'est un vrai Hastings politique. Édith la blonde, au *col de neige*, s'ils en ont une parmi eux, peut passer pour retourner ses morts et reconnaître son Harold. Et, du premier coup, elle va le reconnaître ; le voilà, tombé au premier rang !

C'est Harold-Thiers, le roi de ces couchés par terre! Le nabot, roi de ces soldats nains! Thiers, le géant Poucet, le redoutable puceron, si incommode, si puant et si insupportable dans la chemise de tous les gouvernants, même celle de Louis-Philippe, qui lui avait donné les siennes, à cet ingrat qui, toute sa vie, a parlementé contre son fournisseur et son maître ! Thiers, l'enfant gâté et gâtant, et même un peu gâteux (maintenant) de Paris ; car Paris aime à polissonner avec tous les pouvoirs, quels qu'ils soient ! Thiers, à qui les républicains rouge-feu, ces ogres redoutables, passaient la main sur sa vaniteuse petite tête de Petit-Poucet, et qui se servaient si câlinement de lui pour lui faire leur amener ses frères, au bout du fil constitutionnel ! Thiers, l'albumine faite homme, la crachoterie perpétuelle, l'alinéa Girardin parlé ! Le voilà !... Il est resté net sur la place, dans cet ingrat et léger Paris qui ne veut plus que des jeunes, et, pour l'heure, escarbouille les vieux. « Ah ! malheureux ! Il nous faut des Adolphe ! et tu n'est plus qu'un Thiers ! » Et il l'ont expédié comme s'il n'avait été qu'un Carnot. Il est vrai que le *Journal de Paris* l'a embaumé dans ses pleurs. Le *Journal de Paris*, le vertueux jeune homme qui n'a pas encore assez avalé de crapauds pour avoir l'impassibilité politique, écrit, avec le sentiment du coup de pied reçu par la face de Grandvaux · « Personne mieux que nous ne comprend le dégoût que M. Thiers doit éprouver quand il compare aux services qu'il a rendus la récompense qu'il reçoit aujourd'hui. Mais il faut qu'il surmonte cette amertume : c'est la *patrie* et la *liberté qui le lui demandent!* « Touchante ensevelisseuse que ce *Journal de Paris*, qui ne croit pas à la mort absolue de son Mort, et qui le frotte vigoureusement dans les larmes de la patrie et de la liberté pour le faire revivre, comme s'il était besoin de cela.

Et puis, c'est Guéroult, le saint-simonien Guéroult, qu'on peut frotter tant qu'on voudra, lui, et même avec ce qu'on voudra, et qu'on ne ressuscitera pas ! Les vrais frotteurs de celui-ci ont été ses propres électeurs, et ils l'ont si bien frotté qu'ils l'ont fait disparaître de la face de la terre politique. Guéroult n'est plus rien. Il s'est résigné à rentrer dans la tourbe citoyenne et il a salué en mourant son seul César, le peuple de Paris, qui l'a supprimé, et il a envoyé humblement les quelques électeurs saint-simoniens qui lui étaient restés fidèles à son heureux vainqueur Ferry, qui n'est pas fier et qui les prendra très bien !

Puis, c'est Jules Favre, tué, rasé à Paris par les républicains de nouvelle venue, Jules Favre, le Vergniaud, empoisonné et sans français, de la plate Gironde de ce temps, et qui, comme un Girondin, va revivre dans les départements pour remourir à Paris, sous les pieds écrasants de cette Montagne qui doit, un jour ou l'autre, rouler sur lui ses blocs les plus terribles !

Puis, pour varier cette liste arlequine d'arlequins battus avec leur propre batte, voici Bocher, l'homme d'affaire des d'Orléans, l'écuyer cavalcadour de ces gens démontés, — mais qui voudraient diablement remonter sur leur bête !

Et Falloux, l'éleveur légitimiste, que voilà renvoyé, non pas à ses moutons, mais à ses cochons !

Et Prévost-Paradol, l'orléaniste branlant dans le manche, le républicain de l'avenir, pour lequel l'avenir n'est pas encore venu, et qui, de présent, dans son impertinente faconde, menaçait l'Empire de ne pas lui mettre le plus petit écu dans la main s'il osait s'obstiner au gouvernement personnel ; Prévost-Paradol, ce tiers de Thiers, qui n'a encore que 1,900 voix pour tout potage, cet intéressant meurt-de-faim politique !

Et Casimir Périer, dont on n'a rien à dire, sinon qu'il est Périer et qu'il est Casimir, deux noms fétiches pour les orléanistes, mais qui n'empêchent pas d'être, en politique, une potiche !

Et Decazes, qui n'est pas même cela !

Et le prince de Broglie, de race aussi ministérielle, mais qui, lui, est le vase d'élection de la doctrine, l'encensoir, le croira-t-on? allumé à Sainte-Clotilde en honneur des d'Orléans, lesquels ne croient point à la messe; le catholico-libéral de Broglie, qui veut la papauté et la révolution avec des princes Égalité dont les enfants ont été élevés dans les *protestantaires* de la Suisse !

Et Cochin, le gallican du *Correspondant*, qui a vainement baisé la *pantolphe* de Bertin des *Débats*, pris par lui dernièrement pour le Pape... de son élection !

Et Lasteyrie (Jules ou Ferdinand, — il n'importe ! Taupin vaut Maraud, dit le proverbe, et Maraud vaut Taupin !), Lasteyrie, la visière et les lunettes vertes du *Siècle*, à travers lesquelles il n'a pas vu arriver cette fameuse trombe des grands braillards *irréconciliables*, qui a tout emporté des petits bavardins de liberté en sourdine, et qui vont si joliment piétiner la tombe du pauvre Havin, de l'archi-mort, de l'archi-pulvérisé Havin ! !

Enfin, c'est encore, parmi les légitimistes : Barthélemy, Larcy, Vogué; parmi les orléanistes : d'Audiffret-Pasquier, Lacave-Laplagne, Louis

Passy, Lambrecht, Cornelius de Witt, Joubert ; et parmi les républicains modérés, *trouvés modérés* à l'heure présente, signe du temps ! Glais-Bizoin, Carnot le mouchardier, et Marie, à la parole rentrée dans le ventre !

Ce sont les *litanies des morts* que nous chantons sur ces cadavres. Voyez-les tous, et ceux qui ont rendu des services à la patrie et à la liberté, comme dit le *Journal de Paris*, et ceux qui n'ont rien rendu encore, les Innocents de ce Massacre, les bébés politiques, qui n'ont encore vagi que d'enfantelettes proclamations et que voilà égorgés au berceau par l'Hérode révolutionnaire ; *arrachés*, comme dit le poète, *au sein de la mère et réservés à des funérailles cruelles* :

> dulcis vitæ exsortes et ab ubere raptos,
> Abstulit atra dies et funere mersit acerbo.

« Des funérailles cruelles ! » Mon Dieu ! nous les leur faisons comme nous pouvons.

30 mai 1869.

LA MORALE DE TOUT CELA!

I

Vous rappelez-vous le temps, déjà loin, où la fierté des candidats électoraux s'indignait de ce qu'on appelait alors des mandats impératifs? Nous avons, en ce moment, affaire à bien autres *impératifs!* et ces impératifs, ce ne sont plus les *mandats,* mais les *mandants!* Depuis ce temps-là, nous avons marché, mais en descendant tous les crans de la fierté pour arriver au dernier cran de la bassesse. Les Élections de Paris en 1869 offriront à l'Histoire un spectacle navrant qui fait trembler, même ceux qui l'aiment et ont pu le croire nécessaire, sur les résultats du suffrage universel... Rien de cette force ne s'était vu encore, dans aucune réunion, en fait de tohu-bohu, d'anarchie, d'insulte et de bêtise d'un côté, et de l'autre, de mendicité et de platitude ! Rien de comparable à ces réunions électorales ! L'examen insolent des candidats, qui s'en viennent humblement répondre, comme des écoliers, aux questions saugrenues ou imbéciles de ces examinateurs, qui, pour un vote dont ils disposent, se croient le droit d'outrager, non seulement celui auquel ils le refusent, mais encore celui auquel ils veulent le donner, cet examen a pris des proportions d'insolence qui n'a d'égale que la bassesse de ceux qui consentent à le subir.

Selon nous, ni douze mille francs, ni habit brodé, ni bonheur de légiférer pour son atome de loi, ni volupté d'injurier, sans danger pour son atome d'injure, un gouvernement du haut d'une tribune, ne paient cela. Pour nous, la démagogie voyoucratique et parisienne a tellement dégradé les conditions par lesquelles un candidat est tenu de passer, qu'il est incroyable qu'on en trouve encore d'assez abandonnés de tout, excepté d'ambition, pour les accepter !

Voulez-vous juger de cette abjection ?... Tenez ! prenez M. Jules Favre, ce républicain qui n'a à la bouche que le mot de dignité, quand il s'agit de faire le procès au gouvernement, et demandez-lui où est la sienne ?... Demandez-lui s'il trouve assez brûlante la sellette sur laquelle il est venu s'asseoir devant cette Chambre Ardente d'électeurs qui l'ont jugé et condamné comme une espèce de traître; car ils ne lui ont pas fait l'honneur de l'appeler traître tout à fait... Demandez-lui s'il a trouvé la coupe d'outrages assez amère dans laquelle on lui a courbé le museau et fait boire ! Eh bien, cette sellette, croyez-vous qu'il la leur ait jetée, indigné, sur la tête?... Croyez-vous que cette coupe d'outrages et d'ingratitudes, il la leur ait revomie à la face?... Oh! que non pas... Sur cette sellette, il a pu se tordre avec plus ou moins de souplesse ; il a pu y discuter, y distinguer, y plaider, l'avocat! mais il est resté humblement dessus. De cette coupe, il a dégusté chaque goutte d'ingratitude en hochant la tête, en disant : « Ce n'est pas cela... non ! ce n'est pas tout à fait cela. » Mais malgré les hauts-le-cœur, les dégoûts, les rages, il a fallu être doux, il a fallu se faire le cœur petit comme un Chinois, devant cette tourbe de furieux ou d'idiots qu'il méprise probablement autant que nous, mais dont il a fait ses juges et ses maîtres !

Et ils nous parleront encore, ces républicains, — et M. Favre tout le premier, — dans leurs Histoires de la Révolution, de la bassesse d'un

Chancelier de France qui parlait à genoux devant le Roi, à certains jours de cérémonie et par forme d'étiquette qui n'impliquait aucun déshonneur pour le caractère, et ils ne verront pas que les voilà à genoux, et pour leur propre compte, devant les électeurs, qui les traitent comme des sujets sous un pied de despote, et le tout pour ramasser l'aumône d'un vote dans leur chapeau !

II

Pauvre M. Jules Favre ! Ce n'est point Mirabeau, et nous le savions bien ! Ce n'est pas de lui dont on peut dire : « la grande trahison du comte de Mirabeau ! » Lui, Mirabeau, l'aristocrate de sang malgré les attitudes du démocrate, trouva dans ce cri-là l'occasion d'un mépris sublime. Il passa fastueusement outre, par-dessus cette calomnie ; il l'enjamba de sa jambe de colosse ; elle ne l'atteignit pas au jarret ; elle ne le *jarnaca* pas ! Mais M. Jules Favre, démocrate de sang, comme l'autre était aristocrate, n'a pas eu de ces grands mépris dans lesquels l'homme calomnié se relève. Il n'a pas méprisé ses adversaires, mais il a cherché à s'innocenter devant eux. Il ne s'est pas lavé les mains comme Ponce-Pilate, mais le corps tout entier : « Il y a encore une tache ici ! » — disaient-ils, en le narguant et en lui désignant, du doigt, la malheureuse tache, et lui prenait, toujours humble, le savon, et savonnait... savonnait... Et c'est ainsi qu'il a fait longuement sa petite lessive inutile ; car tous ses efforts et ses frais de blanchissage forcé ne lui rendront ni son mandat de député, ni même la considération de son parti qu'il n'a plus !

III

Ah ! leurs proclamations, leurs supplications sur les murs à leurs *chers concitoyens*, dont ils se moqueront bien une fois nommés, toutes ces aristophanesques comédies n'avaient déjà pas un accent si noble ; mais qu'était-ce que cela, en comparaison de ces discussions à plat ventre devant des électeurs, enivrés de leur pouvoir d'un jour et envieux de celui qu'ils créent, et qui viennent là avec le plaisir de faire payer très cher, au moins, l'honneur qu'ils font. Oui ! toutes ces supplications murales qui tendent la main, ce raccrochage au coin des rues où chacun fait le trottoir pour le compte de son élection, mais c'est presque de la pudeur ! car une affiche n'est après tout qu'une enseigne ; la personne n'est pas derrière l'affiche comme derrière un masque et n'entend pas l'expression du mépris qu'inspire l'affiche à qui la lit. Tandis que dans ces réunions où l'électeur traîne sa personne, haletante d'anxiété, il y a là sa figure, il y a le sang de ses veines, il y a son cœur, s'il a, dans la poitrine, cette source de généreuses colères, et il faut entendre le mépris face nue, l'injure face nue, l'ingratitude face nue, et filer doux, sous peine de maladresse, sous peine de tout perdre de la partie qu'on veut gagner !!!

Terrible pilori que celui-là ! Autrefois, en Angleterre, il y en avait un où l'on vous coupait les oreilles... A celui-ci, on vous les tire ! M. Thiers et M. Garnier-Pagès n'ont pas voulu, eux, y montrer les leurs... Ils n'ont pas osé affronter ces examens ; ils ne se sont pas souciés de mettre leurs têtes suspectes, comme des enfants, entre les genoux de cette douce mère, la démagogie, qui les aurait pouillés d'étrange sorte !... Est-ce couardise ou bien dignité ?... Toujours est-il qu'ils n'achètent pas au prix d'affronts directs l'avantage de voir sortir leur nom de l'injurieux ballottage qui les promène et qu'on leur a si cruellement infligé !

Mais leur dignité ira-t-elle jusque-là d'avaler cet indigne ballottage ?

C'est le moment de raconter une belle histoire.

Un jour, en Amérique, M. Clay, sénateur de l'État du Sud, qui avait honorablement servi sa patrie, apprit aussi, comme on l'apprend toujours, de quel pain amer la démocratie nourrit ceux qui se dévouent à elle. Quand il s'agit de le renommer sénateur, on le ballotta. Il sentit, lui, le coup de ce ballottage outrageant avec l'âme d'un homme ; et quand son nom sortit du scrutin à grand'peine, il ne voulut point accepter l'honneur qu'on lui avait liardé...

Touchés de cette fierté, savez-vous ce que firent les Américains, ses compatriotes ?... Ils reconnurent à M. Clay le droit de paraître à leurs cérémonies publiques *seul* à son rang ou *hors de rang*, comme le *premier citoyen de l'Union !*

Ceci n'est-il pas sain à raconter, au moment où toutes les fiertés semblent mourir ? Seulement, les ballottés de France imiteront-ils le noble ballotté d'Amérique ? En France, où nous n'imitons que trop les Américains, voilà peut-être la seule manière dont nous ne saurons pas les imiter !

6 juin 1869.

LA PROVINCE ÉLECTORALE

Pendant qu'on brisait, haut la main, les kiosques à Paris, nous faisions, nous, en province, une consolante étude politique et des comparaisons qui n'étaient pas, certes! à l'avantage de la capitale du monde civilisé, — comme diraient les Bancel et les Gambetta. Nous assistions à une Élection, faite avec un entrain, une bonne foi, un sentiment du pays, une netteté et une rapidité d'action incomparables... C'était dans une de ces villes de l'Ouest, autrefois le plus indifférentes, pour ne pas dire le plus hostiles aux choses politiques modernes, mais qui ont cessé de l'être depuis l'établissement du suffrage universel, depuis que l'exercice de leur droit leur a donné le goût et même la passion de leur droit. Pour nous qui connaissions le calme peut-être un peu morne de ces populations puissantes et tranquilles, nous n'avons pas été médiocrement surpris en trouvant parmi elles une animation, un bouillonnement, une vitalité politique qu'à distance nous n'aurions pas jugé possibles, et cela à propos de l'Élection d'un candidat qui n'était pas même démocratique, qui n'était pas un de ces rouges dont la couleur agite toujours le taureau populaire, mais tout simplement un candidat indépendant, dont les deux cent mille livres de rente n'inquiètent ni ne menacent beaucoup le pouvoir. Cette Élection normande nous a ravi ! Qui dit Normand dit la meilleure moitié d'un Anglais. C'était vraiment presque une Élection anglaise ! Elle en avait les énergies, — mais les énergies contenues par la légalité.

En effet, chacun des partis y a résolument et vaillamment combattu pour le candidat de sa confiance et de son choix. Mais ce qui nous a le plus frappé, ce n'est pas la force de la lutte, c'est quand le résultat a été obtenu et le vote définitif proclamé, la rapidité avec laquelle la lutte, si ardente tout à l'heure, a cessé. Toute cette masse d'électeurs, venus de bien loin pour voter et qui seraient venus de plus loin encore, a senti avec son bon sens et sa décision ordinaires que son mandat était épuisé et qu'elle n'avait plus qu'à retourner à ses affaires, à ses travaux et à ses champs ; — et rapidement, et avec une simplicité et un ordre admirables, elle y est retournée. Elle venait d'agir, d'agir dans toute l'étendue de son droit ; elle ne s'est point attardée à bavarder, crier, récriminer ! Sa fonction accomplie, elle n'a pas demandé davantage : elle a vidé la place publique. Il n'y a eu parmi elle ni tumulte, ni rassemblement, ni désordre, ni pantalonnade de manifestations soi-disant patriotiques, ni réverbères cassés en criant : *Vive la Lanterne !* ni aucune des polissonneries de la victoire et des mille choses charmantes que nous avons vues à Paris après l'Élection de MM. les députés de Paris ! Nous avons pu juger de la différence d'une Élection faite en province et d'une Élection faite à Paris... Nous qui recevions chaque matin, par les journaux, les détails de ces farces de la voyoucratie parisienne, qui ont bien failli tourner en jeux sanglants, nous n'étions pas blasés sur le spectacle que nous faisait voir cette forte race d'hommes qui n'est pas, elle ! une race de gamins. Nous ne pouvions trop admirer cette loyauté et cette sobriété dans l'exercice de son droit, cette facilité à rentrer, après le coup d'épaule donné à son gouvernement, dans la famille et dans le travail accoutumé, et nous n'aurions pas mieux attendu d'un peuple d'antiques mœurs politiques, solidement établies, que ce que venaient de nous donner des mœurs politiques à peine faites, et qui datent d'hier !

Et c'est là ce qui doit rassurer, c'est ce qui doit nous donner espoir et courage. En définitive, la province, c'est la France. La France, certes ! n'est pas l'ennemie de Paris, mais qu'elle s'en distingue profondément, heureusement pour nous et pour elle ! C'est, du reste, bien moins par les opinions qu'ils contrastent que par la consistance, la consistance si essentielle en politique, l'amour sérieux des Institutions qui suffisent, le calme et la conscience de ce qu'elles sont, en les pratiquant. Quand on a vu toutes ces choses, inconnues à Paris, comme nous les avons vues à l'œuvre en province, on est tranquille pour l'avenir, malgré les turbulences de Paris, ce pays de Fronde éternelle, où les grands seigneurs eux-mêmes, quand il y en avait, furent révolutionnaires avant le peuple, mais où le peuple et tout le monde se croit maintenant grand seigneur en matière de révolution; et l'on va même jusqu'à dire, en voyant tant de raison et de force, que dans un temps donné, s'il en était besoin, ce serait cette calme et raisonnable province qui sauverait Paris... de Paris!

28 juin 1869.

LE DOSSIER DANS L'HISTOIRE

DU GOUVERNEMENT PERSONNEL

I

Il est curieux à étudier, et c'est l'heure ! Car le vieux procès qui se plaide depuis longtemps déjà entre le pouvoir personnel et le pouvoir parlementaire, est pour le moment en pleine plaidoirie. Pour le moment, c'est à qui gagnera contre l'autre de ces deux pouvoirs ; mais ce qui est certain, c'est que le dossier du gouvernement personnel se trouve dans l'Histoire, et que dans aucune cause on n'en pourrait produire de plus beau.

Et toutes les avocasseries, toutes les subtilités, tous les bysantinismes, toutes les préférences d'une opinion temporaire et qui passera, n'infirmeront, quand on aura feuilleté ce magnifique et glorieux dossier, sa conclusion inévitable et péremptoire : c'est que le pouvoir, le seul pouvoir vrai, influent, décisif à toute heure, n'est nullement ce pouvoir parlementaire dont nous sommes férus, mais bien le pouvoir personnel, ce pouvoir discuté aujourd'hui, chicané, rongé par le pouvoir parlementaire, qui compte bien l'absorber un de ces matins, lui, lui qui n'est pas d'origine française ni dans la nature de l'esprit français, et qui d'hier en France y montre déjà toute l'insolence d'un étranger et d'un parvenu.

II

Cherchez, en effet, dans l'Histoire, les grands règnes, les grandes choses, les grands résultats, et voyez à qui ils sont dus ! invariablement dus ! Est-ce au gouvernement parlementaire ou au pouvoir personnel ? — au pouvoir multiple ou au pouvoir unitaire ? — à l'homme qui règne ou bien à des assemblées et ce qu'on appelle des institutions ? La visée, ou peut-être la billevesée de ce temps, c'est de croire que dans ce monde qui ne se fait, ne se refait et ne se conserve qu'à coups de grands hommes, on peut très bien se passer de grands hommes quand on a des institutions. « Je ne suis qu'un accident heureux », disait le mystique Alexandre de Russie à la constitutionnelle madame de Staël. Mais il n'y a eu jamais que cela dans l'Histoire ! des accidents heureux et glorieux, ou des accidents malheureux, inglorieux ou honteux... et toutes les théories du parlementarisme ne changeront pas cette dure loi de l'essence des choses. Les accidents heureux sont les princes qui ont la vue droite, la volonté nette, l'action rapide, qui portent, en tous leurs actes, le sentiment de leur droit et du droit de leur pays, et nulle institution, nulle combinaison, nul équilibre, rêvé ou réalisé par les hommes, ne peut remplacer ces accidents-là, quand ils manquent ; et quand ils manquent, c'est un accident irréparablement malheureux, car Dieu n'a pas permis à l'homme de pourvoir à l'irréparable, à ce mal de l'irréparable qu'on trouve à chaque minute dans sa mystérieuse et douloureuse création ! La fatuité de l'homme est de le croire, mais la pratique de Dieu est de lui prouver qu'il se trompe, et, avec des faits terribles, de le lui démontrer.

Et ici, remarquez-le bien, je vous prie, je ne pose aucune théorie, je n'évoque aucune métaphysique ! je lis tout simplement l'Histoire, et j'y vois écrit avec la fixe splendeur d'une loi éternelle, que l'homme — la *personne* de l'homme, — et même *d'un certain* homme, entre tous — est nécessaire au train des États et du monde, qui ne vont pas plus sans la main de cet homme que le gouvernail d'un vaisseau sans la main d'un pilote... Vérité simple, élémentaire, qui entrerait dans une tête bien faite d'enfant, et qui n'entre plus dans la tête gauchie des hommes. Je vois que tous les grands actes de l'Histoire portent un nom et non pas un tas de noms ! et qu'ils émanent tous, sans exception, de ce que nous appelons le gouvernement personnel, avec tant de délicatesse, pour ne pas dire l'empire, la monarchie, la royauté ! Charlemagne, dont les douze pairs ne lui faisaient pas, que je pense, des interpellations quand il les convoquait, Hugues Capet, Philippe-Auguste, même saint Louis (le doux saint Louis !), malgré les interpellations armées des aristocraties féodales de leur temps qu'ils surent *silencer*, comme disent les Anglais, par leur volonté et leur action propre, individuelle et *une*, comme plus tard Louis XI, Louis XII (le Père du peuple, qui ne se laissait pas mener par ses enfants, car ils ne lui auraient pas donné ce nom-là, s'ils l'avaient mené), François Ier, Henri IV, Louis XIII qui s'appela Richelieu, Louis XIV et Napoléon, furent tous, ces hommes plus ou moins grands, des gouvernements personnels, et quand, au milieu des tristesses des choses contemporaines, nous nous avisons encore d'être fiers, c'est lorsque nous pensons à ces gouvernements personnels !

Et croyez bien que s'ils le furent tous, — ils ne s'en cachèrent pas. Ils n'eurent point cette moderne hypocrisie ! Louis XI, le créateur de la France monarchique, qui lui mit dans son ventre déchiré l'unité et la puissance de la vie, Louis XI, avec sa bonhomie profonde, disait : « Je brûlerais mon bonnet, s'il savait ce que je pense. » Il ne voulait pas même, pour conseiller, de son bonnet ! Henri IV, le seul roi dont le *peuple ait gardé la mémoire,* opposait aux bourgeois de Rouen (les parlementaires du temps) l'autorité de « sa vieille barbe grise ». Richelieu fit, Dieu merci ! assez briller sa hache, Louis XIV siffler sa cravache, et Napoléon son épée. Et c'est par là que non seulement ils régnèrent dru, — utilement, fortement, glorieusement, — mais c'est pour cela que nous les admirons... c'est pour cela qu'ils furent populaires, car ils furent populaires. Et si un jour de leur vivant la popularité leur fut infidèle, car cette tête de femme l'est toujours, ils l'ont retrouvée dans l'Histoire !

III

Voilà l'Histoire ! l'Histoire de France ! Je pourrais dire l'Histoire du monde ! Je pourrais montrer que partout, même dans les républiques, même dans les conventions, quand elles signifient quelque chose, quand elles font grand, il y a toujours quelqu'un qui sort de là pour aller au gouvernement personnel. Je pourrais montrer que le gouvernement parlementaire est aussi menaçant et aussi funeste pour des républiques que pour des empires, et que la dictature est au fond de l'esprit humain. Je pourrais montrer que même en Angleterre, ce pays d'où le parlementarisme est sorti, le parlementarisme a perpétuellement la lumière de son canon bouchée par la main d'un seul homme, — que dans ce pays où les rois s'abonnent à n'être plus que des doges de cérémonie, il y a toujours un ministre qui a gouverné. L'Angleterre est le pays des premiers ministres. Pitt, le plus grand de tous, fut un despote plus despote encore peut-être que Napoléon ! Eh bien, l'Angleterre, la constitutionnelle, n'a pas cessé de l'adorer, et peut-être ne se rappelle-t-elle même plus le nom du roi constitutionnel sous lequel son Pitt a régné !

Tel est le dossier, dans l'Histoire, du gouvernement personnel. Demandez au gouvernement parlementaire de vous en montrer un semblable ! Le gouvernement parlementaire n'a produit jamais dans l'Histoire que des agitations stériles. Il n'a jamais donné ni un grand homme, ni une grande chose qu'on puisse nommer. C'est le gouvernement de la loquacité, de l'objection à tout, de l'envie et de la haine contre toute élévation et contre toute grandeur. Il est contraire aux lois de la nature humaine, qui veut sentir l'homme dans son gouvernement et non pas le jeu abstrait d'institutions dans lesquelles l'action de l'homme est diminuée.

Pour que la terre soit abondamment fécondée, il faut que la sueur humaine tombe dans le sillon, il faut que le sillon la boive. Toutes les charrues mécaniques ne vaudront jamais, pour faire du blé, cette goutte de sueur !

25 juillet 1869.

GRANDEUR ET DÉCADENCE

DU

GOUVERNEMENT PERSONNEL

C'est éternellement avec les expériences de l'Histoire qu'il faut répondre à ceux qui déclament en faveur du gouvernement parlementaire contre le gouvernement personnel, et il en est une, entre toutes, tirée des annales de ces derniers temps, qui nous semble d'une clarté si terrible que c'en est foudroyant.

C'est la double expérience et la double histoire du roi Louis XVI et de l'empereur Napoléon.

L'un n'est tombé que parce qu'il n'a pas été assez *gouvernement personnel*.

L'autre ne s'est élevé à une si grande hauteur — et nous avec lui — qu'en s'appuyant sur la plus robuste personnalité qui ait jamais existé, et qu'en faisant de cette personnalité le pouvoir lui-même.

Louis XVI, le roi de la vieille monarchie française et le petit-fils de Louis XIV, était politiquement né *gouvernement personnel;* mais, naturellement, c'était un homme si profondément dénué de personnalité qu'il n'avait pas en lui de quoi faire un gouvernement.

Naturellement, c'était l'idéal du plus pur roi de régime parlementaire, fait pour être, dans des circonstances plus tranquilles que celles de son règne, le *cochon à l'engrais* dont Napoléon parlait à Sieyès avec tant de mépris.

Louis XVI était un homme certainement doué de bonté et de justice, quoiqu'une chair lourde étouffât en lui toute espèce d'activité, et qu'il eût, comme disait Mirabeau, la vertu inerte. Mais on ne gouverne malheureusement ni avec la bonté, ni même avec la justice. On ne gouverne qu'avec une personnalité.

Louis XVI n'en avait pas une. Aussi fut-il, moitié par absence de cette personnalité nécessaire, moitié par amour (un amour d'eunuque il est vrai) pour le bien public, généreux de son pouvoir, qu'il jeta toujours à la tête de ceux qui le lui demandèrent. Il l'y jeta morceau par morceau, ne leur refusant rien de ce qu'ils lui demandaient au nom du bien public, le mot d'alors; car tout temps a ses formules...

Et même il finit, lui, l'homme le plus religieux de son royaume, par leur jeter à la tête jusqu'à sa conscience, en signant la *Constitution civile du clergé*.

Il donna à même son pouvoir toutes les libertés... qui devinrent cette liberté complète, cette grande liberté dont la statue était dressée à trois pas de la guillotine, et dont Mme Roland disait : « Que de crimes on commet en ton nom ! »

Et il en donna tant, de libertés, que la France l'appela un jour unanimement : « *Louis XVI, restaurateur de toutes les libertés publiques.* »

On lui imposa et il se laissa imposer tous les ministres qu'on voulut, depuis Turgot, l'encyclopédiste, jusqu'à Malesherbes, qui protégeait l'encyclopédie.

De roi personnel à la manière française, — de *roi de bon plaisir*, comme on disait séculairement en France, et comme l'avaient été Louis XI, Henri IV, Louis XIV, et tant d'autres, — les grands et les plus grands ! — il condescendit, avec une lâcheté qui n'était pas de la peur, à n'être plus qu'un roi d'assemblées.

Il consentit à tous les genres d'assemblées :

l'Assemblée des notables, l'Assemblée des États généraux, non *assemblés* depuis 1614, exhibition d'une vieille relique qui ne servait plus, et enfin l'Assemblée nationale, qui se changea en Convention, et qui, par reconnaissance, lui coupa la tête !

Et aux assemblées il joignit les petits papiers de la procédure politique, chers à tous les parlementaires de tous les temps. Il autorisa la nation à écrire ses aspirations, ses vœux, ses volontés, dans ces fameux *cahiers* de 1789, dont, vingt-trois ans après, la charte de 1814 est sortie, pour s'en aller où s'en sont allés les *cahiers* de 1789 !

Ce fut donc, s'il en fut jamais, un roi parlementaire que le roi Louis XVI, un roi parlementaire dans toute la force ou la faiblesse du mot, — et ce qu'il y gagna, ce ne fut pas seulement d'avoir le cou coupé sur la place de la Révolution, — cela le regardait, cela ! — mais de l'avoir fait couper à la France de sa génération.

« *L'État, c'est moi !* » disait Louis XIV, — et jamais cela ne parut plus vrai qu'à la lumière rouge du sang de la France, qui coula, à torrents, sous le tranchet du bourreau, une fois que le Roi-État eût été frappé !

Et la Révolution, qui avait commencé par le gouvernement parlementaire, n'aurait jamais pu sortir de l'anarchie qu'elle avait créée, sans l'*homme* qui devait reprendre la tradition humaine et française où elle avait été interrompue par Louis XVI, et refaire, comme il n'avait peut-être jamais existé, le gouvernement personnel.

Et ce n'est pas seulement de l'avoir fait qui est le plus beau de la gloire de Napoléon, quoique ce soit bien beau. Mais, dans les circonstances qui nous rongent, c'est de l'avoir rendu possible encore !

Louis XVI et Napoléon ! double et bonne leçon, à cette heure, et qui sera comprise de tous les peuples mâles, — mais non de ceux qui bavardent comme des vieilles femmes et veulent faire de leur bavarderie une institution contre le gouvernement personnel.

Montesquieu, — mais pas le président !

1er août 1869.

LES
MOMIES PARLEMENTAIRES

Vous croyez qu'ils n'étaient que quelques-uns, — quelques Garnier-Pagès, bonbons de leur col tourné en cornet, ou quelques Raspail, camphrés... parbleu! comme une momie. Détrompez-vous! Ils ne sont pas quelques-uns, — ils ne sont pas seulement quelques déterrés, conservés à l'aide de condiments particuliers, et dont le secret est perdu. Ils ne sont pas deux, dix ou trente momies. C'est toute l'Opposition qui l'est! Ce sont tous les parlementaires, parlementaires du tiers parti, de la gauche ou de la montagne, tous n'ayant, jeunes ou vieux, que cette vieille chose dans leur ventre vide et rien avec : — la Constitution de 1789!

Si bien que ce vieux Raspail dont on s'est tant moqué, ce vieux Sérapis de Raspail, qui débouchait son camphre contre les Jésuites et qui n'a jamais été très tranquille dans son tombeau à cause des agents de police qui passaient au-dessus, n'était pas une momie solitaire. Il était un symbole. Raspail plus ou moins, les malheureux l'étaient tous ! Le vieux Raspail n'est pas plus momie que tous les autres, — que le jeune Gambetta, par exemple, l'espoir de la tribune française, qui a inventé le mot *irréconciliable*, mais qui n'a pas mieux que le vieux Raspail dans le ventre, c'est-à-dire plus que ce rouleau de papyrus : — la Constitution de 1789 !

Ah ! du moins, lui, Raspail, ce vieux pharmacien politique, nous drogue, mais ne nous fait pas *droguer !* Il est, lui, pour l'ancienne méthode. Il ne biaise pas, il ne nous donne pas de drogues récentes d'une efficacité vague. Il ne parle pas, comme les jeunes, ou de *libertés nécessaires,* — ou de *libertés parlementaires,* — ou de *revendication des principes de* 89, toute cette poudre de perlimpinpin qu'ils débitent, et qui n'est, au fond, que de la Constitution de 1789 pulvérisée et prise à doses honteusement homéopathiques. Il y va plus bravement que ça ! Il ne rougit pas de ce qui fait son air de vie. Avez-vous lu Baruch ? Avez-vous lu Raspail ? Avez-vous lu, cette semaine, sa lettre aux électeurs de Lyon? Ce brave *momifère* de Raspail, dans cette lettre, s'est ouvert le ventre comme un Japonais, et pareil à ces charlatans de place qui se tirent de la bouche deux aunes de ruban après avoir mangé de la filasse, il s'est tiré du fond de son ventre ouvert toute la Constitution de 1789, article par article.

Quel inventeur !

Il l'a dépliée, déroulée, allongée comme une banderole, et l'a fait flotter sur tout ce qu'il a dit à ses électeurs. Il s'est écrié : Voilà ce qui m'a conservé si longtemps ! Voilà la panacée universelle! La Constitution de 1789! Nous ne l'avons pas encore. Mais nous l'aurons. Il faut l'exiger. Il n'y a, comme dans mon ventre, que cela dans les ventres de l'Opposition tout entière, creux sans cela comme ces peaux d'âne sur lesquelles on bat le *Rappel!* La Constitution de 1789, c'est-à-dire l'omnipotence d'une assemblée, le despotisme de nous autres qui braillons contre le despotisme d'un seul qui se tait, le droit de guerre et de paix au Corps législatif qui n'est encore ni dans le Message, ni dans le Sénatus-consulte, et surtout, surtout cette insolence qui nous délecte, cette ignominie que Louis XVI but : le Pouvoir exécutif (pour ne pas dire l'Empereur) venant la rejurer, cette Constitution de 1789, *debout et tête nue devant l'assemblée assise et couverte.*

Car il y a toujours dans ces législateurs français, vaniteux et frivoles, du maître à danser !

Et, de fait, ceci est précis, ceci est la pensée secrète de par *derrière* la tête, comme disait Pascal, et le vieux Raspail qui l'a dite est encore la plus vivante de ces momies !

Seulement, toute la question est de savoir si un Bonaparte qui porte l'épée est disposé à faire ce que fit Louis XVI, qui ne l'avait portée que le jour de son sacre.

Cela ne sauva ni lui, ni son fils. Si cela les eût sauvés, croyez bien, allez ! que cette Constitution de 1789, qu'ils demandent, ils ne la revendiqueraient pas.

8 août 1869.

HISTOIRE CONTEMPORAINE

I

Le *Journal de Paris* d'avant-hier soir transcrit la dépêche suivante, communiquée par l'*Agence Havas* :

« Vienne, 8 août. La *Gazette officielle* publie une ordonnance du ministre de la justice et des cultes, aux termes de laquelle toute décision épiscopale condamnant un prêtre à être incarcéré dans une prison ecclésiastique n'est valable qu'autant que le condamné s'y *soumet volontairement.* »

Et il y a bien cela, en toutes lettres, dans cette mirifique ordonnance ! « La condamnation n'est valable qu'autant que le condamné s'y *soumet volontairement.* »

Autant que le condamné s'y soumet, je le comprends. Dieu merci ! nous avons mille moyens de le faire s'y soumettre, mais *volontairement...*

Si ! volontairement, vous dis-je. Il y a VOLONTAIREMENT dans l'ordonnance !

Est-ce assez ineffable ?... Et sommes-nous assez loin des *in pace* et des oubliettes ?

II

Eh bien, disons-le à la gloire de l'Autriche, voilà certainement le plus grand pas qu'ait fait jamais un gouvernement dans le sens du progrès et de la civilisation du monde ! Depuis de longues années, et cependant trop peu de temps, les législations pénales tendaient à s'adoucir, parce que l'homme lui-même devenait de plus en plus doux et charmant, comme les révolutions par lesquelles nous sommes passés nous l'ont appris. Les prophètes de la philanthropie, les penseurs du gaillard d'avant nous faisaient même espérer qu'un jour, qui ne devait pas être loin dans les brumes de l'avenir, les pénalités, ces vestiges à balayer des grossièretés du Moyen Age, si offensantes pour la liberté humaine et si contraires à la politesse de nos mœurs, disparaîtraient tout à fait, et chaque jour rongeait un peu de ces pénalités et en emportait un morceau. Cependant, hélas! il en restait encore. Quand un délit se produisait,—car, chose étrange! il s'en produit toujours, malgré nos progrès, — on avait encore la vieille habitude de frapper le coupable d'une peine toujours trop rude, il est vrai, mais indépendante de la volonté de ce trop intéressant coupable. Il viendra peut-être un temps où on ne le croira pas! On ne demandait point au coupable la permission de lui donner les étrivières qu'il avait méritées. On les lui donnait.

Mais à présent, en Autriche, du moins, tout est changé. A partir d'aujourd'hui, l'autorité compétente,

Le chapeau dans la main, se tenant sur ses membres,

va humblement demander au délinquant et au coupable la permission de lui donner ces étrivières, chaque jour plus allégées, et s'il les refuse, que dis-je? s'il les discute, s'il ne s'y soumet pas *volontairement*, on ne les lui donnera pas!

Aux termes absolus de cette ordonnance, qui fait mon bonheur et qui va faire celui de tous les prêtres scandaleux de l'Autriche, c'est donc le condamné qui désormais décidera de la punition qu'on doit lui infliger, en s'y soumettant avec toutes les grâces de sa gente et libre personne, sinon, non! Non! parbleu! et l'évêque, avec sa crosse inutile et sa décision invalidée, pourra, comme on dit, aller se promener.

Délicieux spectacle que l'Autriche doit offrir au monde!

Lorsque les Seigneurs Évêques, devenus de moins en moins seigneurs, auront dans leurs diocèses quelques prêtres trop émancipateurs par la doctrine, ou trop émancipés par les mœurs, il faudra qu'ils prennent leurs gants violets pour toucher plus respectueusement à ces prêtres, et qu'ils n'y touchent pas même avec leurs gants violets, si ces prêtres ne le veulent pas! Il faudra que les pauvres Seigneurs Évêques renoncent à leur autorité épiscopale et pénale, selon le principe de droit criminel promulgué aujourd'hui par le nouveau législateur de l'Autriche :

Ce n'est plus le juge qui juge et qui applique la peine, c'est le condamné.

III

Tête bien forte que celle de ce législateur, et tête bien moderne... Un moins moderne que lui aurait pu supprimer du coup, pendant qu'il y était, et l'autorité ecclésiastique de l'évêque, et le délit et la prison, et écrire résolument dans son ordonnance que les prêtres, citoyens avant d'être prêtres, devaient être jugés par des citoyens et non par des évêques ; — que dans l'état actuel de la civilisation du monde, les prêtres ne pouvaient être que les justiciables des tribunaux ordinaires... C'eût été clair, cela, c'eût été net; brutal pour les évêques d'Autriche, mais dans un si excellent but de douceur, — d'édulcoration ultérieure !... Malheureusement, la clarté, la netteté, la hardiesse de l'initiative, les coups décidés, qui, pour peu qu'ils soient des coups, paraissent à certaines gens des coups d'État, comme les oreilles du lièvre lui paraissaient des cornes et même des cornes de licorne, tout cela n'est ni dans les habitudes ni dans les puissances de ce temps patelin et trembleur, et le Michel l'Hôpital de l'Autriche qui vient de commettre la superbe ordonnance que nous annonçons, est un patte-pelue de ce temps, où les hommes de tous les pouvoirs se font patte-pelue. Pour lui, le problème était d'ôter tout doucement aux Évêques le dernier droit qui leur reste et d'avoir l'air de conserver la pénalité ecclésiastique tout en la réduisant à rien, et, pour cela, voilà qu'avec un cynisme qui finit par être bouffon, à force d'être naïf, il a inventé de la mettre aux mains de ceux-là même qu'elle doit frapper... La seule chose, dans cette occurrence, contre laquelle il ait été brave, c'est contre le ridicule prodigieux de sa disposition législative.

Le crime fait la honte et non pas l'échafaud,

disait depuis des siècles le bon sens public, qui était devenu un beau vers sous la plume du second Corneille. Mais le crime, qui ne fait plus guère honte aujourd'hui, va maintenant faire l'échafaud, et, s'il se refuse à le faire, il n'y aura plus d'échafaud. Quelle adorable simplicité !

Et voilà ce que vient de décréter tranquillement un ministre dans le pays de Kaunitz et de Marie-Thérèse ! Voilà comment, sous l'empire de l'idée de cette fraternité imbécile, qui a remplacé pour les législations l'idée sévère de paternité sur quoi elles étaient fondées autrefois, on arrive.

d'adoucissement en amollissement, et d'amollissement en ramollissement, à cette pourriture universelle au fond de laquelle l'Europe doit, un jour ou l'autre, s'enfoncer et mourir !

Des prêtres qui n'ont plus, comme nous le disions l'autre jour, l'esprit de leur État, des gouvernements qui n'ont pas plus l'esprit du leur, des législations pénales qui remettent le soin de la peine au coupable, quel lâche-tout et quelle lâcheté plus générale que tout cela ! Ah ! on disait que les carnavals étaient finis, qu'il n'y en avait plus en Europe. Eh bien, en voilà encore un !

Seulement, celui-ci ne devrait pas faire rire, mais pleurer !

12 août 1869.

LES DYNASTIES DÉMOCRATIQUES

I

Elles sont comiques, mais il y en a...

Les journaux de la démocratie ont annoncé, il y a quelques jours, que le fils du général Cavaignac partait pour l'Amérique.

Ils ont annoncé cela comme un événement, comme une chose d'importance. Ils ont annoncé cela, ces journaux de l'égalité, comme si le fils du général Cavaignac était plus qu'un autre citoyen, jeunet comme lui, et qu'il fût convenable que la France fût avertie de la perte qu'elle va faire en perdant ce *bambino* politique.

Et au fait, pour eux, c'est important. Pour eux et malgré eux, le fils du général Cavaignac est plus qu'eux tous ! C'est le Dauphin de la dictature; c'est le Prince Royal de la démocratie ; c'est le Prétendant de la République de l'avenir. Et il est tout cela quoi qu'il puisse être, fût-il idiot (je ne le connais pas) : Cromwell engendra bien Richard ! Tout cela simplement parce qu'il s'appelle Cavaignac, parce qu'il s'est donné, ce petit républicain, la peine de naître, et parce que, inévitablement, ces égalitaires, qui font les farouches, et ne sont pas du tout farouches et pas du tout égalitaires, se sentent prêts à toutes les étiquettes avec des empressements et des échines de laquais !

C'est d'étiquette, en effet, et d'usage monarchique consacré, d'annoncer le départ des princes, et pour le fils Cavaignac, les égalitaires se sont conformés à cette étiquette et à cet usage, comme c'était leur devoir...

II

Et ce n'a pas été assez que l'étiquette. Après l'étiquette, il y a eu la flatterie. Naturellement! Déjà, l'année dernière, la malhonnèteté de cet enfant, élevé comme cela, qui ne voulut point recevoir, au Concours, de couronne des mains du Prince Impérial, fut applaudie avec enthousiasme par ses sujets démocratiques. Il eut le succès d'une insolence de Rochefort. Il fut le Rochefort des enfants. Mais cette année, à son dernier examen, ce n'a plus été des applaudissements pour le jeune Cavaignac, ce petit prince de la démocratie, ç'a été de la flatterie bien et dûment organisée ! L'enfant qui n'est pas *du miracle,* a trouvé son flatteur public, son encenseur de cérémonie, son duc d'Antin, comme Louis XIV. Ce duc d'Antin grotesque n'était, il est vrai, que M. Patin, — le vieux Patin, l'académicien, que je croyais orléaniste, puisqu'il est de l'Académie, et qui s'est mis à faire tout à coup de la courtisannerie démocratique. Vous vous rappelez cette ingénieuse pantalonnade de faire lire du Corneille à l'enfant pour lui parler de son père (est-ce le vieux Villemain qui avait soufflé cela au vieux Patin ?) et appliquer au Président manqué de 1850, mais tout de travers, le grand vers connu :

> Et monté sur le faîte, il aspire à descendre !

Car le général Cavaignac, qui avait du bon, je ne le nie pas, et chez qui le soldat et le dictateur ont, un jour, étouffé le républicain, n'a jamais *aspiré* à descendre *du faîte* où il se trouvait parfaitement bien, et s'il n'y est pas resté, c'est qu'il n'a pas pu. Il *aspirait* très fort à y rester, et la patinade de M. Patin n'est qu'un radotage. La flatterie de M. Patin est bonne à mettre... sous le patin... Mais que voulez-vous? Je n'ai pas et je n'aurai jamais à constater l'esprit de Patin. Je constate seulement l'intention de ce *détestable flatteur*, qui est un flatteur détestable, mais qui a plu néanmoins à tous les journaux de la démocratie, comme si ce suranné académique avait eu les grâces de la jeune fille offrant des fleurs à son petit souverain !

Et tant il est vrai que l'inexorable monarchie, avec ses formules et ses respects, s'impose à ces coupeurs de cous de Rois inconséquents (je ne dis pas ceci pour Patin), qui traînent à leurs talons, comme un boulet de forçat, l'idée fatale de dynastie !

III

Et je ne leur en veux pas, d'être inconséquents, à ces pauvres raisonneurs ! Je ne leur en veux pas d'être restés monarchiques malgré eux ! Monarchiques jusque dans leurs moelles ! Ils sont Français, donc ils sont monarchiques de nature, d'instinct, de sang qui coule dans leurs veines, et ils ne peuvent pas plus changer cela que leur angle facial et le type de leur race. Mais ce pourquoi je leur en veux, ce qui m'inspire pour eux une inexprimable pitié, c'est de se donner pour des démocrates sans l'étoffe de la chose, c'est de mentir sciemment à eux et au monde, dans leurs imbéciles théories d'égalité, et de n'être enfin que d'affreux Tartufes politiques, qui trouvent encore des Orgons !

Mais qu'ils refassent des dynasties, *parce qu'il est impossible à l'esprit français de s'en passer*, certainement, je le leur pardonne...

Et même qu'après avoir détruit, s'ils le peuvent, les royales, qui sont augustes, ils en élèvent de démocratiques, qui sont ridicules...

Seulement, dynastie pour dynastie, j'aime mieux les nôtres que les leurs !

15 août 1869.

LE PÉTARD MICHELET

I

Et quand je dis un pétard, je suis bien honnête...

Il a été tiré dans le *Rappel*, et il a fait encore plus de bruit que le tambour crevé sur lequel ils battent.

Eh bien, parmi les réjouissances publiques de cette semaine où nous fêtions le Centenaire de Napoléon, la meilleure a été le pétard Michelet ; car c'est, croyez-le ! une fameuse réjouissance pour tous ceux qui aiment et veulent l'Empire, que de voir perdre la tramontane à ceux qui le détestent, que de voir des ennemis tomber du sérieux dans le ridicule, et faire plus que de mourir; car c'est faire plus que de mourir, de devenir fou ou de radoter.

Et c'est là la question pour M. Michelet!

Ce vieillard, qui a traité l'Histoire comme ceux de Jérusalem voulurent traiter Suzanne au bain; cet homme, d'une ancienne imagination déréglée, hystérique, lubrique, mais, il faut en convenir, puissante dans son obscénité, est dégringolé tout à coup de ses facultés pour tomber dans un entre-deux lamentable. — Et voilà que sa pauvre tête affaiblie s'est mise à se balancer, comme celle d'un Magot de la Chine, entre la folie et le radotage, sans qu'il soit possible à personne, — aliéniste ou non, — de savoir, d'une manière certaine, s'il radote ou bien s'il est fou !

Le peuple, qu'ils trouvent si grand, et qui n'est pas toujours poli, appellerait ceci *battre la breloque*, et ce serait drôle que battre la breloque, pour ces toqués, fût la même chose que battre le rappel !

II

Et jugez de cette lettre de M. Michelet, apocalyptique et baveuse tout à la fois, lunatique et idiote ! M. Michelet commence par y annoncer à M. Meurice qu'il a une armée, — une énorme armée, lui, M. Meurice, lui, le *Fanfan la Tulipe du Rappel !* — et qu'il (Michelet) la suit du cœur et de l'œil, et de la lorgnette ! Ceci n'est encore que du radotage ; mais voici où la folie commence : « Sssss ! — dit-il tout halluciné, — un « esprit léger, volatil, impalpable, invisible, a « paralysé le dragon... »

(Quel dragon ? Je connais des dragons ; il y en a plusieurs régiments dans l'armée, qui ne sont pas paralysés du tout, et qui le prouveraient à messieurs du *Rappel*, s'ils avaient l'imprudence de compter sur leur paralysie.)

« Ses cinq cent mille écailles (au dragon) — « — reprend M. Michelet — s'aplatissent. Et pour- « quoi ? Et comment ? Qu'a-t-il ? Hein ! Il a en- « tendu un esprit ! »

Diable ! nous n'en entendons pas un, nous, en vous écoutant.

Certes ! il est bien évident, n'est-il pas vrai ? que cette vision biscornue et écaillée de M. Michelet est de la folie, et de la folie suraiguë, de la folie qui vient peut-être de ce qu'il a trop mangé de cantharides historiques. Mais ce qui suit défaille et s'aplatit, comme les cinq cent mille écailles du dragon, en un radotage des

plus purs et des plus insignifiants, et des plus albumineux : « La presse reste seule, — dit M. Mi-
« chelet ; — la parole, la presse et l'esprit seuls,
« sont souverains ⊥ monde. Qui *irait* contre
« eux ? Le *néant*.

Et ceci, radotage encore : « La crise du pré-
« sent *négative* nous dit assez ce qui sera à faire
« de *positif !* »

Et encore et toujours radotage ! « Une jeune
« France arrive, moins romanesque que celle de
« 1848, beaucoup plus pratique, qui saura *éche-*
« *lonner* les questions ; car on ne peut pas faire
« un peuple comme dans l'île de Robinson (ici
« la folie recommence de percer), où il n'y
« avait personne (comme dans sa tête, à M. Miche-
« let !). Situation nouvelle, moins obscure, moins
« dangereuse, justement par sa grandeur même. »

Ce devrait être justement le contraire ! Mais le désordre du pauvre homme, son désordre mental est complet.

III

Et voilà un échantillon des breloques de M. Michelet ! Voilà comme il les agite ! et comme il les remue ! Et si vous croyez que ce vieux danseur de la danse Saint-Guy des idées, cette vieille Bayadère détraquée ne nous a point amusés, dans cette semaine de fêtes publiques, et plus, avec sa lettre, que tous les polichinelles, les baladins et les saltimbanques des baraques du Champ-de-Mars ou des Champs-Élysées, pardieu ! vous vous tromperiez bien... Nous aimons à voir la révolution produire de ces désordres dans des têtes qu'on croyait solides, — dans des têtes qui semblaient des boulets contre nous, et qui n'étaient que des vessies, dont l'air s'en va par une fissure et fait en s'en allant ce ridicule bruit... de pétard !

IV

Ah ! les lettres, c'est le *mot de la fin* pour tous. Le mot de *leur* fin ! Ils ne sont pas *épistoliers*, tous ces grands écrivains révolutionnaires. Ils font des histoires, des drames, des romans, mais à la lettre, ils ratent ! Ils ont du talent avant la lettre, mais après la lettre ! mais pendant la lettre ! Et ils ont tous la manie des lettres ! Ils en décochent ! Ils en envoient ! Ils en font pleuvoir ! Victor Hugo n'en a-t-il pas la plus furieuse incontinence ?... Il faudrait le bonder comme le tonneau des Danaïdes, pour qu'il n'en répandît plus ! M. Michelet s'y met aujourd'hui, et, du premier coup, il est aussi effaré qu'Hugo, aussi prophète et aussi... plat ; car Hugo, cet homme de toutes les immensités, a souvent, tout près de la bosse du gonflement, l'immensité de la platitude. Michelet, comme lui, réunit aujourd'hui ces contrastes. C'est Isaïe et c'est l'avocat Gagne.

Oui ! l'Isaïe-Gagne de la Révolution.

V

Il aurait mieux fait de respecter sa vieillesse et de rester tranquille. Et même le grand Victor aussi. Tous ces petits papiers qu'ils sèment partout et que Rabelais appellerait d'un nom trop énergique pour nous, ils feraient bien de les garder dans leurs poches pour d'autres besoins que pour ceux de leurs situations politiques. Le vieil Alexandre Dumas a plus de sens qu'eux. Il écrit moins de lettres. C'est encore lui, le croirait-on ? qui est le plus sage. Il a une façon, lui, de se mettre en évidence, qui vaut bien mieux que toutes ces pétarades épistolaires. Un jour, ou plutôt pendant plusieurs jours, on le vit étaler sa panse giletée de blanc et sa grosse tête nègre au balcon d'un hôtel garni de la ville du Havre. Enseigne vivante : « *A l'Alexandre Dumas!* » comme on dit : « *Au grand Turc!* »

Cela lui rapportait plus que des lettres. Tous les Parisiens qui venaient au Havre disaient : « Tiens! tiens! tiens! mais c'est Dumas, là-haut! c'est Dumas! »

Or, quand ils écrivent leurs lettres, on ne peut plus dire, malgré la signature : « C'est du Victor Hugo ou c'est du Michelet! » On ne les reconnaît plus.

Et quand je vous disais que Raspail est moins coulé qu'eux, — que sa momie camphrée est encore la mieux conservée, qu'il est bien autrement vivant, j'avais raison, n'est-ce pas ?...

Août 1869.

UN NATURALISTE DE PLUS

I

J'ai l'honneur de vous le présenter.
Ce successeur des Cuvier et des Geoffroy Saint-Hilaire est né tout à coup, à quelque chose comme soixante-dix ans. Jusqu'à cet âge-là, M. Michelet, car c'est lui qui s'improvise si tard naturaliste, n'avait été qu'un historien, — un historien fort amateur des petites saletés physiologiques ou pathologiques qu'on peut trouver dans l'Histoire, ce qui était une manière de s'annoncer en Histoire naturelle, mais qui aurait jamais pensé qu'il dût se conduire comme Abraham avec Agar, et qu'infidèle à l'Histoire politique, sa vieille épouse, il aurait fait un enfant à l'Histoire naturelle, à son déclin!

Et qu'ai-je dit? un enfant! Il en a fait plusieurs. Il a fait la *Femme*, l'*Oiseau*, l'*Insecte*, le *Poisson* (la *mer*), le *Ver luisant*, qui va, dit-on, paraître prochainement et luire, et c'est ainsi qu'il a battu le vieux Abraham, qui ne fit qu'Ismaël! En attendant le *Ver luisant*, il nous donne aujourd'hui, dans une lettre nouvelle (une seconde *Michelette*), adressée celle-ci non plus à M. Meurice, le *Fanfan la Tulipe* du *Rappel*, mais à M. Dollfus, le philosophe du *Temps*, l'histoire d'un autre ver encore, qu'il vient de découvrir. Quel ver?

Le ver solitaire de la France !

II

Oui ! la France a le ver solitaire. Pauvre France ! Elle a là une orde et vilaine maladie, mais M. Michelet en est sûr. Elle est travaillée, — dit M. Michelet, qui, lunettes sur le nez, a étudié ce ver d'une longueur infinie et en a mesuré les spirales, — elle est travaillée de ce ver qu'il appelle : « un parasite ambigu, romano-
« français (ce ver !), républicain en 1848 et so-
« cialiste demain (toujours ce ver !), qui grouille
« (ah pouah !) en nous, au cœur des nôtres (fi

« donc!), et qui les prépare, énervés, pour les
« tyrans... » Très drôle, n'est-ce pas ? cette
fonction, pour un ver, de faire des préparations,
même pour des tyrans !!

Et après nous avoir appris cette découverte
vermiculaire, le grand naturaliste, penché sur
le bassin où il a étudié et mesuré l'immonde
phénomène gyratoire, s'écrie avec ces airs d'a-
vertisseur-prophète que vous lui connaissez :
« Ne nous hâtons pas trop, par une opération
« contraire (quelle opération?... c'en est une se-
« conde, puisqu'elle est contraire, et il n'a pas
« parlé de la première!), de le *favoriser* (favori-
« ser un ver!), de le faire pulluler (alors il ne se-
« rait plus solitaire), de lui faire au moins *dans*
« *l'entr'acte* la plus commode extension... »

Qu'appelle-t-il : « l'entr'acte ? » On n'ose comprendre...

Et tout cela, est-ce assez galimatias double
pour nous dire simplement que nous sommes
malades de centralisation ? La centralisation
pourtant, remâche-t-il, est la vie en Histoire naturelle, mais en politique, c'est la mort ! Distinction qui aurait fait éclater de rire Pascal lui-
même, qui n'était pas très gai, et qui a écrit :
« Une bonne distinction sauve tout ». Il faut
distinguer entre l'Histoire politique et l'Histoire

naturelle. Ce qui est détestable pour l'une est excellent pour l'autre, et *vice versa*. Comme si, par-dessus toutes les lois spéciales et secondaires, la même loi générale ne gouvernait pas toutes les lois !

Radoterie qui rappelle celle de l'autre jour et qui prouve que l'état mental de ce pauvre M. Michelet ne s'améliore pas, mais empire. Dans son goût tardif de *premier prix* pour l'Histoire naturelle avec laquelle sa vieillesse fait si joliment joujou, l'historien politique a complètement oublié l'Histoire et les Histoires qu'il a écrites toute sa vie, et les opinions de ces Histoires, où il exprime absolument l'opinion inverse et contradictoire de celle qu'il proclame aujourd'hui.

Car s'il fut jamais des centralisateurs, et des centralisateurs violents et terribles, ce sont les hommes de l'école révolutionnaire devant lesquels M. Michelet, depuis plus de vingt ans, est à genoux. Ils ont centralisé la France, ceux-là, comme jamais elle ne fut, elle n'avait été centralisée. Ce sont ceux-là qui égorgèrent les Girondins décentralisateurs ; ceux-là qui détruisirent Lyon et Toulon et qui écrasèrent la Vendée. Ce furent ceux-là qui inventèrent le grand axiome atrocement centralisateur, *la fraternité ou la mort*, et qui dirent : « Prends mes assignats ou je te prends la tête ! » et même qui la prenaient, la tête, quand on avait pris les assignats. M. Michelet a donc oublié cela ! Il ose parler de la centralisation de Colbert pour l'accuser et pour le maudire. Il ose parler de celle de Richelieu. Il ose parler de celle de l'Empereur Napoléon, qu'il appelle un « moloch », et il ne dit mot de celle de la Terreur, et de ces Montagnards qui n'étaient pas, eux, des molochs, mais des dieux bienfaisants et doux, comme on sait !

Mais non ! non ! Ce n'est pas oubli chez M. Michelet, ce n'est pas décrépitude de mémoire ! Il y a encore du vieux malin dans cette tête affaiblie. La centralisation, qu'il lapide aujourd'hui dans sa lettre à M. Dollfus, il reviendrait à l'adorer, comme autrefois, si la Révolution centralisait, au lieu de l'Empire. Il ne la maudit que parce que, tout à l'heure, il en est gêné, — que parce que son parti, comme tous les partis, a pour mot d'ordre de crier contre elle. Rouges, tricolores ou blancs, démocratiques, orléanistes, légitimistes, tous voudraient détruire ce qui leur fait obstacle, cette centralisation qui se tient debout devant eux avec ses mille bras de Briarée, et la tête unique qui les fait mouvoir tous... Ils savent très bien que la décentralisation, telle qu'ils la conçoivent et qu'ils la demandent, serait la décapitation, l'éviscération de l'Empire, et voilà pourquoi ils la demandent! Mais il faut croire que l'Empire ne sera pas assez naïf pour la leur accorder!

Et que le ver solitaire continuera de nous dévorer et d'offrir au naturaliste Michelet le sujet de nouvelles observations!

29 août 1869.

HISTOIRE CONTEMPORAINE

LE DUEL TOMBÉ EN QUENOUILLE

Il n'a été bruit, cette semaine, que d'un cartel envoyé par une femme au Directeur du *Figaro*; et déjà on s'est pris à rire, sur toute la ligne, de cette incartade de mousquetaire dans un être qui, ce semble, n'a pas été troussé pour le mousqueton. Cette femme crâne, qui fait sa tête, fut une bien jolie tête... C'est Mme Audouard, Mme Olympe Audouard, qui, il y a quelques années, était vraiment charmante. L'est-elle encore ? Elle est tachée d'encre, comme la statue de Carpeaux, mais c'est elle-même qui s'est tachée et probablement ce n'était pas la nuit. Hélas ! elle n'écrit que trop au grand jour. Elle est allée en Asie. Elle est allée en Amérique.

Elle est allée au diable. Cela fricasse toujours un peu... et peut-être cette fraîcheur idéale, cette tombée de roses du Bengale, sous l'autre tombée d'or des cheveux étincelants, tout ce déjeuner de soleil, — comme on dit de ces fragilités divines, — le soleil, qui est un friand, a-t-il commencé d'en grignoter quelque chose... et le déjeuner continue? Franchement! je le croirais assez à l'humeur et au cartel de la dame. Quand on peut jeter les gens à genoux avec un beau regard bien bleu, on ne pense pas à les jeter brutalement par terre avec une pointe d'épée ou une balle de pistolet.

Mais le beau regard bleu... n'est plus qu'un *Bas-bleu*, et quand les Bas-bleus se *passent*, ils deviennent féroces et veulent se reteindre un peu dans notre sang. C'est pousser bien loin l'amour de la teinture! Du reste, je le comprends très bien... les Bas-bleus, jaloux de nos bottes et qui les mettent comme le petit Poucet mit celles de l'ogre, ont une idée très nette et très juste de l'égalité qu'ils prétendent introduire d'eux à nous. Et pourquoi donc les femmes comme elles ne se battraient-elles pas? Pourquoi, dans ce temps de réclames où le duel est devenu une des meilleures, n'auraient-elles pas aussi, comme nous, leur réclame, — leur petite réclame *au sang*?... Elles font des livres comme nous, des Conférences comme nous, des sottises comme nous, pourquoi ne pourraient-elles pas avoir leurs duels comme nous, et non pas seulement entre elles, comme dans *Faublas*, mais avec nous? Mme Olympe Audouard a posé le pourquoi:

... Et treme fecit Olympum!

Ah! feu Baudrillart (du *Constitutionnel*), le colonel de Mme Audouard, doit être bien content s'il la regarde. Mme Olympe est un de ses articles. Feu Baudrillart n'admettait pas — si vous vous en souvenez — la question du pot-au-feu en fait de femmes. Il la trouvait déplacée. Mais Mme Audouard va plus loin; elle admet l'arme à feu. Baudrillart se moquait avec la gaîté déplorable d'un gendre de Sacy du haut-de-chausses à raccommoder du bonhomme Molière, et Mme Audouard veut percer celui de M. de Villemessant! Mme Audouard est un article Baudrillart, mais panaché, moustaché, militaire. Elle est l'expression la plus avancée et la plus armée du droit de la femme à l'égalité civile, politique et sociale: conséquence forcée de cette Égalité absolue qui s'est accroupie sur le monde moderne, comme un Sphinx sur des débris... Mme Audouard est complètement dans la logique de cette idée. C'est drôle, mais c'est exact.

C'est drôle, mais c'est sérieux aussi, comme beaucoup de choses drôles. La conséquence d'un faux principe, quand elle arrive à être très comique, se retourne et revient contre le principe qui l'a engendrée. Elle l'abat d'un souffle... de rire, et voilà comme la comédie peut tout sauver! Le cartel de Mme Olympe Audouard à M. de Villemessant, de Mme Audouard, cette duelliste toute neuve dans ce temps de duellistes surannés, éclaire plaisamment aujourd'hui cette grave question du duel, qui traîne encore dans nos mœurs, mais qui n'y traînerait plus, si nous étions vraiment des hommes... Malheureusement, en France, nous ne serons jamais que des jeunes gens, lesquels n'ont gardé de leurs pères qu'ils méprisent que la vanité, l'inaliénable vanité, la seule chose peut-être que, de leurs pères, il y aurait à mépriser!

Nation mûre, qui, du moins, devrait l'être, nous nous instituons orgueilleusement « une démocratie », et nous ne sommes guère qu'une cohue de démocrates inconséquents, prétendant tous — le croira-t-on ? — à l'aristocratie de l'épée, — d'une épée qu'on ne porte plus ! Spectacle unique dans le démantibulement universel. Avec nos théories insensées, nous voulons briser en quarante morceaux la grande épée militaire et sociale de la France ; mais, blagueurs éternels, nous en voulons garder un bout pour nous, un petit bout qui brille et derrière lequel nous mettons notre chétive et morne personnalité. Nous nous appelons : « Bonnets rouges », et nous nous en plantons un sur l'oreille avec fatuité. Bonnets rouges ! Allons donc ! Ils sont morts, ceux qui les portèrent avec une gravité consciencieuse. Mais nous, à commencer par Armand Carrel pour finir par M. Gaillard, le cordonnier, nous ne sommes, au fond, que des talons rouges, — et c'est pour nous en faire un, sans doute, que nous voulons marcher dans le sang d'un duel...

Car un duel distingue. C'est une *distinction*. Un duel *fait bien* puisqu'il fait du bruit. Si, quand il s'en produit un quelque part, on s'en taisait ; s'il était défendu aux journaux d'en parler ; si ce n'était pas avec les défis, les témoins, les rédactions, toutes les cérémonies de mamamouchi qu'on fait maintenant pour se donner un coup d'épée, qu'autrefois on se donnait très bien tout de suite, sous un réverbère ; si ce n'était pas là une pièce en plusieurs actes à laquelle tout le monde fait galerie, vous le verriez diminuer et bientôt disparaître.

Que le législateur le sache bien ! — le législateur qui, à toute époque, s'est levé impuissamment contre le duel, — on ne l'étouffera que par le silence et sous le silence. Mais le législateur lui-même partage l'inconséquence générale, et ce reste de mœurs d'une société aristocratique et militaire fondée sur l'*honneur*, disait Montesquieu, et qui se vante de n'être plus que démocratique, civile, et fondée sur la justice, ce reste de mœurs serait plus fort même que sa Loi.

Et la Loi serait soufflétée par ceux-là qui ne parlent jamais que de la sainteté de la Loi, — la seule sainteté à laquelle ils croient ! C'est que les mœurs sont autrement fortes que les législations.

Les législations, on en fait et on en défait à la minute et à la vapeur ! Mais les mœurs, cette cristallisation des mœurs qui se forment lentement, elles ont la solidité et la dureté des stalactites. En raison, en bon sens, en logique, le duel, cette coutume d'un temps chevaleresque,

n'a plus le droit d'exister. Il était le privilège
des gens de noblesse, et il n'y a plus de noblesse,
il n'y a plus de privilèges. C'est donc une dissonance et c'est un non-sens dans une société
égalitaire. C'est une dissonance et c'est un non-
sens que cette chance de duperie généreuse, —
se faire tuer peut-être par qui vous a insulté,
— dans une société pratique, raisonneuse, qui
se moque bien de la générosité et qui ne veut
que la justice. Ils le disent tous : la Justice de
la Révolution ! Pour que, dans une telle société,
le duel eût le droit rationnel d'exister, il faudrait qu'il fût le privilège de tout le monde, et
dans nos mœurs, puisque c'est une question de
mœurs et d'opinion publique, il ne l'est pas.
Non ! il ne l'est pas. Pour ceux-là qui, au
moindre mot, cherchent le plus vite, à leur côté,
une épée absente, pour ceux-là qui posent le
plus carrément le principe de l'égalité, il y aura
toujours *quelqu'un* avec qui, mis en demeure
de se battre, ils ne se battront pas.

Si un cocher de fiacre les a mal menés et
qu'ils le lui disent, et si le cocher, talon rouge
aussi à sa manière, monsieur de l'instruction
obligatoire, qui lit les journaux sur son siège
de cocher entre deux courses, trouve l'obser-

vation mal sonnante et malhonnête, et demande, comme Mme Audouard, « une réparation par les armes », la lui fera-t-on, à ce cocher?... Et si c'est un domestique — ils sont citoyens, messieurs les domestiques, — qui se trouve insulté parce qu'on le flanque à la porte, se battra-t-on avec le domestique?... Enfin (et c'est le cas présent), si c'est une femme, se battra-t-on avec une femme ? M. de Villemessant se battra-t-il avec Mme Audouard?... Et si ce grand faiseur de réclames, qui en a le génie, et qui ne craint pas, on le sait, les coups d'épées, se faisait encore cette réclame, ne dirait-on pas que c'est trop fort, et ne resterait-il pas à tout jamais éclaboussé de l'immense ridicule dans lequel Mme Audouard, Sapho de cette mer-là, vient de piquer une si belle tête avec son cartel ?

Et pourtant, si le cocher est votre égal, — si le domestique est votre égal comme les gentilshommes l'étaient entre eux, — si les femmes sont nos égales, — il n'y a pas à dire ni à rire, il faut se battre avec le cocher, avec le domestique... et même avec Mme Audouard.

Mon Dieu ! que j'en serais fâché pour elle. M. de Villemessant peut-être me la casserait, et une jolie femme de moins sur la terre, ce n'est pas comme un vilain homme barbu de moins. Une jolie femme une fois cassée, on n'en recolle pas les morceaux !

Je ne fais ici que l'indiquer, du reste, mais n'est-ce pas là le côté sérieux et même utile de cette drôlerie, que le cartel de Mme Audouard soit un des meilleurs arguments qu'on puisse dresser contre le duel ?... N'est-il pas curieux et même gracieux, que ce soit le ruban rose noué autour de ce doux petit front que voilà en colère et avec lequel nous faisons aujourd'hui le nœud coulant d'un dilemme qui doit étrangler net, ou l'usage attardé du duel, ou le principe de l'égalité démocratique avec lequel il ne peut plus exister ? Ou l'argument du cartel de Mme Audouard emportera le duel, coupera cette *traîne* qu'un siècle passé laisse après lui et qui embarrasse si ridiculement les pieds du siècle qui le suit, ou il emportera, ce que j'aimerais bien mieux encore, le principe de l'égalité, dont la besogne n'est pas faite, mais qui, s'il dure, se fera.

Et les enfants de Mme Audouard sauront comment, si elle en a !

En attendant, elle a fait tomber la question du duel en quenouille.

Les monarchies tombées en quenouille, le Temps, qui file pourtant, ne les ramasse pas...

2 septembre 1869.

HISTOIRE CONTEMPORAINE

Et petite histoire, aujourd'hui.

Ce n'est que ma réponse à la lettre de Mme Olympe Audouard :

Madame,

Eh bien, vous voilà, je n'ose pas dire comme je vous aime, mais comme on pourrait vous aimer ! J'ai reçu votre lettre et nous l'avons publiée hier au *Gaulois* pour vous y faire fête, pour montrer que, d'humeur du moins, vous savez revenir au ton doux et aimable de la femme, — de la vraie femme qui ne *fait point l'homme*, et même l'homme armé... Qui croirait jamais que cette lettre est de la même petite main qui voulait trouer le gros ventre de Villemessant, trouer M. Richard, trouer peut-être M. Magnard, massacrer tout enfin au *Figaro*, jusqu'aux garçons de bureau inclusivement, ce qui n'eût pas fait un massacre d'innocents, car tous, au *Figaro*, sont plus ou moins coupables envers les dames, quand la vanité des dames s'extravase ? Cela les fait toujours rire, les compères ! Au *Figaro*, j'en conviens le premier, ils n'ont pas le sentiment du respect excessivement développé. Ils aiment tous « à blaguer », comme ils disent. Mais que voulez-vous ? Ils sont les fils de ce coquin de Figaro, le joyeux et frétillant barbier, qui ne traitait sérieusement que l'intrigue, et ils plaisantent ! mais, madame, c'est leur état.

Seulement, permettez-moi de vous le dire, madame, — il s'agissait, je crois, dans votre altercas au *Figaro*, d'une rectification littéraire, — si vous l'aviez demandée, cette rectification, avec l'accent de la lettre que vous m'avez fait l'honneur de m'écrire, vous l'auriez obtenue. Mais vous en avez pris un autre. Vous avez été trop cassante, trop provocante, trop jeune homme, madame ! trop mousquetaire gris... En un mot, vous avez été trop amazone... trop amazone, même pour moi qui ne suis pas du *Figaro*, et qui ne les aime, les amazones, *qu'autour du lac* ou dans le tableau de Rubens !

Mais aujourd'hui, vous ne l'êtes plus. Votre lettre... Ah! parlons de votre lettre, madame. Je me disais : Et à moi aussi, bien sûr, elle va décocher un cartel, cette quenouille flamboyante! Elle ne me menacera même pas de l'éventail de Mme Duverger, qui faillit, un soir, m'arriver si bien par la figure, en plein théâtre. Ce serait trop femme, cela, trop femme pour elle. Un éventail, fi! quand on a rapporté son petit revolver d'Amérique. Voilà ce que je me disais. Et pas du tout! Ça n'a été qu'une leçon, — une maternelle leçon, donnée avec des airs de grand'-mère, qui sont un peu menteurs, n'est-ce pas? et qui ne sont là que pour attendrir la leçon. Se vieillir est souvent, chez les femmes, une manière profonde de se rajeunir et de dépayser l'opinion. Or, nous ne sommes point à l'âge de ces ruses savantes. Nous ne sommes pas si vieille que nous disons. Nous attraperait qui nous croirait! Nous n'avons pas le *grand âge* dont nous nous vantons avec une hypocrisie qui sera trompée, car elle ne trompera personne. Si nous étions si vieille que cela, nous n'en parlerions pas!

Et la leçon est si gentiment et si *bonne-femme-ment* donnée, que j'en ai été touché jusqu'aux larmes, ma parole d'honneur! et que j'en profiterai comme le petit Jehan de Saintré profita de la leçon de la demoiselle des Trois-Cousines. Je n'ai plus l'âge du petit Jehan : il s'en faut d'un beau diable! Mais je serai aussi docile que le petit bonhomme. Ainsi, c'est entendu et convenu, **madame,** je tâcherai d'être plus *mesuré*, puisque la *mesure* est la qualité que vous avez la bonté de me souhaiter pour vous plaire. C'est étrange que vous aimiez la mesure, — mais on aime les contrastes! — vous qui vouliez enfiler si *démesurément* Villemessant et toute sa rédaction en brochette. Je m'efforcerai aussi, je vous le promets, d'être moins *emporté* et plus *logique*. Emporté! Ce me sera bien difficile de ne pas l'être, quand vous serez aimable comme vous voilà aujourd'hui. Logique! Se peut-il que vous aimiez à un tel point la logique? Ce sont donc là les goûts qu'on rapporte quand on revient de chez les Mormons ou de chez les Turcs?

Oui! voilà ce que je vous promets, madame. Voilà ce à quoi je m'engage à vos pieds, inconnus, mais que je crois charmants, malgré leurs bottines bleues. Je serai dorénavant *mesuré*, *logique* et pas *emporté*. Mais pour le fond des choses, j'ai des anxiétés. Comment ferons-nous?...

Il faudra, je le crains bien, que vous me *leçonniez* encore bien des fois pour me faire changer d'opinion sur le Bas-bleuisme, la disgrâce de cette époque, le Bas-bleuisme que je n'exècre tant que parce que j'ai pour les femmes un bien autre sentiment que le respect demandé par vous ! Pourquoi aussi me parlez-vous de Bas-bleus aujourd'hui ?... Je n'aurais pas, dans ma reconnaissance et ma ferveur pour vous, touché au sujet des Bas-bleus si vous ne l'aviez touché vous-même, dans sa généralité la plus haute, et dans une Conférence faite *pour moi seul*. Et voilà le diable ! Il ne faut pas, dit le proverbe, traîner fétu devant vieux chat.

Vous me faites l'honneur (et la volupté), Madame, de me dire que vous avez lu, je ne sais quand, un article de moi sur les Bas-bleus. Oh ! Madame, j'en ai fait trente-six. J'ai, de plus, un livre complet, et qui paraîtra prochainement, sur les *Bas-bleus du XIX° siècle*. C'est mon obsession que ces dames. Je ne dis pas ma possession. Elles m'obsèdent, m'excèdent, mais ne me possèdent pas. Partout où il y a un Bas-bleu qui surgit, la femme disparaît. La femme est un bas-rose, — ou une jambe nue, comme une pêcheuse de crevettes. Le Bas-bleu est bleu, et souvent à

17

l'envers. Le Bas-bleu finit par n'être plus une jambe du tout. C'est — ou plutôt ce veut être un piédestal, horreur de la vie! C'est la décapitation de la femme par le mollet, la décapitation par en bas, qui est l'en haut pour les femmes. Le mollet des femmes vaut mieux que bien des têtes! Toujours, toujours, tant que j'aurai souffle, je me révolterai contre cela! De ces affreux Bas-bleus, vous, vous qui n'en portez pas l'uniforme, vous désintéressée par le physique de cette laide question, qui est aussi la question des laides, vous faites l'histoire et en donnez les origines. Vous êtes la d'Hozier des Bas-bleus : « Dès l'an 1000, — « dites-vous, — Constance, fille de Guillaume I*er*, « *comte de Provence*, etc., etc. » (Ah! Marseillaise! comme vous sentez vos anchois!) Dès l'an 1000!... Mais vous diminuez la *longueur de mon horreur* pour les Bas-bleus, qui remontent, allez! bien plus haut que cela. Vous refaites un article du *Papillon* avec une érudition aussi légère que ce petit animal... Partout, dans Alexandrie, et même dans l'Antiquité, vous rencontrez le Bas-bleuisme. Il y est sans bas, — en cothurnes ou en sandales, — mais il y est. Il s'y étale, mais pas aussi gracieusement que Cléopâtre sur son vaisseau. Je soupçonne Aspasie elle-même d'être un Bas-bleu, puisqu'elle plaît tant aux philosophes. Le Bas-bleuisme est éternel. Sous toutes les latitudes et dans tous les temps, la femme révoltée contre sa nature, contre son destin et contre Dieu, a voulu singer l'homme, et, pour sa peine, est devenue guenon. C'est une loi. Je ne l'ai pas faite. Ce n'est pas ma faute si elle est comme cela, Madame ! Vous n'avez pas l'air de vous douter de l'antiquité de cette race, dont, naturellement, vous n'êtes pas et dont vous voulez être à toute force ; votre visage résiste! C'est plus que Moyen Age : c'est antique, c'est universel, c'est éternel, dès que, parmi les hommes, l'importance de l'esprit commence, et c'est surtout, surtout moderne. Mais antique, éternel et moderne, ce n'en est pas plus beau pour cela.

Et ne confondez pas, Madame, les Bas-bleus du Moyen Age qui écrivaient en latin, comme cette pédante d'Héloïse, aimée — si cela peut s'appeler aimée ! — de son pédant d'Abélard, et qui tous deux phrasaient ce qu'ils n'éprouvaient pas, ces navets de l'amour, comme dirait M. Veuillot, parfaitement indignes de la serpette de Fulbert. (Héloïse, par exemple, voilà un modèle de Bas-bleuisme!) Oui! ne la confondez pas, ni les savantasses comme elle, avec les petites femmes des *Cours d'amour*, qui jouaient, comme des petites filles, au furet, au furet du sentiment. Les femmes des *Cours d'amour* jugeaient des choses d'amour, raffinaient les choses d'amour, tortillaient les choses d'amour, comme les femmes de Marivaux, qui, si elles ont du bleu dans leurs bas, ont du bleu céleste! Elles marivaudaient, en plein Moyen Age, comme alors on y marivaudait. Les femmes des *Cours d'amour* ne sont pas des Bas-bleus, ce sont des bas très roses, et qui ne demandaient qu'à les ôter. Ce ne sont ni des Bélises, ni des Philamintes, ni de ces conférencières du xix° siècle qui s'en viennent se piquer impudemment dans une espèce de chaire, et qui nous y débagoulent des discours, en plus de quatre points, sur tout autre chose que l'amour. Ah! les *troubadouresses* des *Cours d'amour* n'étaient pas les rivales des hommes, ne se croyaient pas des hommes, et ne voulaient pas d'autres duels avec les hommes que les duels de l'amour. Que si vous pouviez en refaire une, Madame, — une *Cour d'amour*, — croyez bien que je ne tirerais pas sur l'institution dont vous prendriez l'initiative! Cela nous arracherait peut-être de dessous l'ennui accablant et monstrueux qui nous pleut sur la tête et sur le cœur, par ce temps de mœurs pédantesques où, si cela continue, il n'y aura bientôt plus de femmes du tout, ni par le cœur, ni par la tête, ni par les grâces de leur corps, mais des appareils d'enfant, et encore parce qu'ils sont, ces appareils, impossibles à supprimer.

Et puis, vous avez bien raison (car sur un point, au moins un pauvre petit point, il faut bien que nous nous entendions, au moins une pauvre petite fois !), cela ramènerait peut-être la politesse, qui est partie, — qui est partie comme la gaîté, comme l'amour, comme les rois, et comme tant d'autres choses qui ont la triste chance peut-être de ne jamais revenir ! Tout le monde y gagnerait. Les articles des journaux, alors, ne seraient pas, comme vous le dites si joliment, « des engueulements », ni des demandes de rectification, des pointes d'épée ou des pistolets sur la gorge. Nous serions tous plus doux, c'est vrai...

L'influence des femmes sur nos mœurs, mais je l'appelle et je l'adore ! personne ne la désire autant que moi ! L'influence des femmes-femmes, Madame ! Mais l'influence des femmes-hommes, non ! de par Dieu ! je n'en veux pas ! et je travaillerai à la détruire tout le temps que je ne serai pas femme moi-même, tout le temps que les femmes-hommes ne m'auront pas fulbertisé.

Pardon de cette vivacité! Voilà que je m'emporte encore ! Je m'apaiserai, Madame, en me mettant à vos pieds.

16 septembre 1869.

LES DEUX PÈRES DE LA PAIX[1]

Pater patrem fricat.

I

Ne disait-on pas, il y a quelques jours, que le général des Carmes avait mandé par *devers lui* le P. Hyacinthe, pour lui faire rendre compte de ce qu'il avait dit à la Ligue de la Paix, salle des pianos, chez Herz, sur les trois religions *égales?*... Eh bien, c'était là un faux bruit, à ce qu'il paraît, puisque les journaux qui l'avaient répandu ont annoncé que le P. Hyacinthe avait, dimanche dernier, prêché à la Madeleine

---

[1] Ce chapitre et les deux suivants n'ont pu être mis en leur place par suite d'une erreur, — l'auteur ayant été surpris par la mort au moment où il corrigeait les dernières épreuves des pages magnifiques intitulées: *Le Dossier dans l'Histoire du Gouvernement personnel.*

sur la Madeleine, sujet cher aux dames et aux prédicateurs qui veulent leur plaire... Il n'y a donc pas de danger encore pour le P. Hyacinthe ! Il n'est point parti pour Rome. Il continue ses prédications à Paris, sous la crosse peu crossante de son archevêque. Le P. Hyacinthe est parfaitement tranquille et vaque sans trouble à sa popularité. Mis en demeure, — dès le lendemain du jour où il prononça la fameuse phrase qui lui restera comme une marque sur l'épaule de son froc, — mis en demeure par des catholiques scandalisés de s'expliquer nettement sur ce qu'il avait dit à la salle des pianos, chez Herz, le grave prêtre ! il ne s'est point expliqué du tout. Il a gardé un silence... même assez insolent pour les catholiques qui l'avaient prié de s'expliquer... Et comme si ce n'était pas assez de tranquillité comme cela, voici que, cette semaine, un prêtre, un religieux aussi, non de la même robe, mais de la même gravité, le P. Gratry, de l'Oratoire et de l'Académie française, le couvre de son approbation, de sa sympathie, de son admiration, dans une espèce d'allocution publique écrite à Messieurs les membres de la Ligue de la Paix, — toujours salle des pianos, chez Herz.

Mais cette couverture du P. Gratry étendue

sur le P. Hyacinthe, suffira-t-elle au général des Carmes?... Elle suffirait certainement aux petites femmes qui venaient autrefois écouter le doux Gratry, dans la petite église de l'Oratoire, quand il y distillait son miel. Elle suffirait — cela n'est pas douteux! — à ses confrères de l'Académie française. Elle suffirait aux philosophes du Progrès, qui jouissent assez scélératement en voyant l'antique fermeté du Sacerdoce s'en aller et fluer de toutes parts dans de coupables tolérances, et qui s'imaginent que parce que des prêtres s'amollissent, c'est l'Église, la sainte Église qui se fond! Mais, de bon compte, cette couverture du P. Gratry, qui en fait même un pavillon d'honneur au P. Hyacinthe, suffira-t-elle au général des Carmes, si, comme je le crois, il est digne de son titre et de sa haute fonction de général?

Et d'autant que le P. Gratry et le P. Hyacinthe, c'est tout un, et que je ne vois pas trop où, pour couvrir l'un, l'autre prendrait sa couverture. Le P. Gratry et le P. Hyacinthe, c'est au fond la même doctrine, sous deux reliures différentes. Si le P. Gratry, avec sa lettre aux Messieurs de la Ligue de la Paix, salle des pianos, chez Herz, pouvait couvrir le P. Hyacinthe aux yeux du général des Carmes, le P. Hyacinthe pourrait rendre le même service au P. Gratry vis-à-vis du supérieur de sa Congrégation ; car ils sont tous deux — *Arcades ambo* — des pianistes de la même maison. Ils pianotisent tous deux, dans des modes différents, la Liberté et la Paix. L'un est plus violent, l'autre est plus doux ; mais c'est toujours la même sonate ou la même sornette ! Ils sont manche à manche, ces religieux Pères, et ces manches, qui sont larges, sont exactement de la même largeur. Tout y entrerait... Diderot, qui, en sa qualité de déclamateur, de comédien et de gesticulateur, et d'orateur du café Procope, aurait vécu dans la Ligue de la Paix s'il avait été de notre grande époque à pantalonnades solennelles, Diderot disait dans la sienne : « Élargissons Dieu ! » Le P. Hyacinthe et le P. Gratry sont des *Élargisseurs* du catholicisme. Ils l'élargissent si bien qu'ils mettent et poussent dedans le judaïsme, qui tua Jésus-Christ, et le protestantisme, qui ne l'a pas tué, mais qui a tant de fois essayé de tuer l'Église !... Et ils croient que le catholicisme n'en craquera pas !!!

De leur catholicisme, — si on les laissait faire, — il pourrait bien rester ce qu'il est resté de Dieu, après que Diderot l'eut élargi !

II

Le P. Gratry, il est vrai, n'est pas, dans sa lettre, aussi explicite que le P. Hyacinthe. Quoique mathématicien auquel les équations doivent être chères, il n'a point parlé de celle que le P. Hyacinthe s'est permise entre les trois religions civilisées : la catholique, la juive et la protestante, — qui, par parenthèse, n'est pas une religion, mais une révolte et une révolution ! Le P. Gratry, qui a la prudence des doux et des fins, n'a pas osé répéter cette grosse chose, ce coup de tam-tam oratoire, dont toutes les oreilles catholiques bourdonnent encore. Mais il a traité le P. Hyacinthe de *noble et courageux P. Hyacinthe*, et pour un philosophe qui doit se comprendre et comprendre le sens et la portée des mots qu'il emploie, c'est évidemment là une adhésion, et même chaudement donnée, à ce que le P. Hyacinthe a dit et à ce que les protestants n'ont pas laissé tomber par terre ; car, exactement comme ils tripotaient de leurs petites Bibles, qu'ils fourraient de force dans nos poches à la porte de l'Exposition, ils tripotaient sur place dimanche, autour de la Madeleine, de la phrase célèbre et *imprimée* du P. Hyacinthe, que voilà devenu un de leurs docteurs !

Effroyable succès pour un prêtre catholique, que d'être préconisé et acclamé par des protestants comme une autorité et comme une lumière ! Cela ne fera-t-il pas trouver au P. Hyacinthe qu'il va par trop loin, à la fin, son succès ; et, dans le fond de sa conscience, n'aura-t-il pas un peu de terreur ou un peu de honte d'une pareille popularité ?...

Et cela ne fera-t-il pas réfléchir aussi le P. Gratry, avec sa lettre, le P. Gratry, l'oratorien qui vient derrière le carme, comme le caudataire derrière son cardinal, et qui lui porte si respectueusement la queue de son froc ?... Ce que je trouve, pour mon compte, du respect déplacé.

III

Rien de navrant, à mon sens, comme un tel spectacle ! comme le spectacle de deux prêtres qui, avec de la foi peut-être (on en pourrait douter), mettent leur gloire à n'avoir plus *l'esprit de leur état*, — qui, étant ministres du Dieu des armées, par exemple, se font membres des

Ligues de la Paix, — qui, ayant des Églises pour y prêcher Jésus-Christ et ses dogmes, s'en vont parler sur les chimères et les badauderies contemporaines dans des salles où peuvent déballer tous les saltimbanques de la terre, et se juchent sur des estrades que le pied de Bossuet n'aurait jamais foulées, — qui, enfin, proclament, avec des caresses au public auquel ils ne le font pas croire, qu'ils sont des Français et des libéraux et des citoyens de 89 avant d'être prêtres, comme si d'être prêtre n'emportait pas tout! comme si d'être prêtre n'impliquait pas tous les genres de devoirs et tous les genres de vertus! Telle est cependant la tendance du sacerdoce de ce temps. Il reproche avec beaucoup de raison à cet apostat de Renan de vouloir supprimer les collèges de prêtres pour les remplacer par des membres d'Institut, et l'inconséquent ne voit pas que, dans une foule de questions, il se sécularise lui-même !

C'est une pensée *séculière*, en effet, ce n'est pas une pensée de prêtre, que l'idée de l'*égalité* entre trois religions vis-à-vis de la civilisation du monde. C'est monstrueux en soi, il est vrai, qu'une pareille idée, mais c'est du monstrueux séculier. Dans la lettre du P. Gratry, où il larmoie sur les cahiers perdus de 1789, ce sont des larmes séculières qui coulent, — des larmes un peu niaises, oui! mais séculières... Quand il parle, dans la même lettre, des deux démences du temps qu'il prend pour deux choses raisonnables: la liberté absolue, la liberté de M. de Girardin, et la paix incommutable et éternelle de l'abbé de Saint-Pierre, le P. Gratry n'est plus que M. Gratry, de la religion polytechnique, mais non romaine. La liberté absolue, la liberté! Ah! que je voudrais donc bien savoir comment le philosophe Gratry l'entend? car il a oublié de le dire dans sa lettre, lui qui n'y définit rien et qui y parle le langage bête de tout le monde. Et la paix? Je voudrais qu'il me dît aussi, et mieux qu'il ne le fait, comment nous parviendrons à l'avoir, la paix, incommutable et éternelle, celle dont il a été dit par le P. La Fontaine, qui n'était pas de l'Oratoire :

> Et nous passerons nos jours,
> Étendus sur l'herbe tendre,
> Prêts à conter nos amours
> A qui les voudront entendre!

Le P. Gratry, que nous pourrions appeler le P. La Palisse, prétend que si nous ne l'avons pas, cette paix, c'est que nous n'attaquons pas la guerre dans sa source. Probablement! Il y a quelque chose comme cela! Et sa source, c'est le cœur de l'homme. Or, le cœur de l'homme a la loi de Jésus-Christ, prêchée par ses prêtres, dans les Églises, pour l'apaiser, le purifier et en arracher l'homicide qui en est le fond. Mais si nous avons la prédication catholique du prêtre, qu'avons-nous besoin des discours *méli-mélo* d'Évangile et de politique des Ligues de la Paix?

Tenez! Messieurs Gratry et Hyacinthe, qui ne méritez plus de vous appeler prêtres, c'est assez d'abaissements comme cela devant l'opinion de votre temps. Et, d'ailleurs, ils sont inutiles. Vous pourriez même être de mauvais prêtres tout à fait que cela ne vous servirait pas à grand'chose : vous avez l'atroce *caractère indélébile*. La populace des esprits dans laquelle vous vous encanaillez ne vous croira pas... Vous êtes prêtres...

Restez-le! restez-le vaillamment, vigoureusement, rigoureusement! A tous les points de vue, c'est ce que vous avez à faire de mieux.

31 juillet 1869.

UNE RÉPONSE

A Monsieur le Directeur du Gaulois.

Mon cher Directeur,

Permettez que je réponde à l'article que vous avez avant-hier publié, pour fêter par des imprécations mêlées de tendresses mon entrée triomphante au *Gaulois*. Chez vous, c'est comme à l'Opéra :

Et jusqu'à je vous hais, tout s'y dit tendrement !

Cet article, qui n'est pas une lettre d'abord, et qui finit par être une lettre ; cet article où vous affirmez votre profond catholicisme et votre éclectisme non moins profond, votre amour des lettres qui vous fait trouver *beaux* tous ceux qui les cultivent quelle que soit la laideur de la grimace que les pauvres diables prennent pour du talent, votre haine convulsive et votre horreur pour ce que je dis, et votre sympathie et même votre admiration (le mot y est : vous êtes bien bon !) pour la manière dont je le dis ; cet article renferme une foule de glissades d'une idée dans l'autre qui ressemblent plus à un patinage intellectuel qu'à une accusation réelle et consistante se tenant ferme et debout devant moi. Je ne ferai pas l'hypocrite avec un homme d'esprit comme vous, mon cher Directeur. Il y a des choses très aimables, que je sens très vivement, dans votre lettre. L'amabilité en est même calculée sur l'amertume de certaines choses que vous voudriez me faire avaler. S'il n'y avait que cela, je ne les aurais point avalées, voilà tout ! et je n'y aurais pas répondu. Selon moi, — et dans ma vie d'écrivain ne l'ai-je pas assez répété ? — toute question personnelle est ridicule. Un homme qui écrit doit prendre virilement et silencieusement son parti d'être jugé de travers. En défendant sa propre pensée, on défend toujours son amour-propre, et c'est inférieur, cela... L'homme y perd sa fierté. Mais il y a, dans votre article-lettre, mon cher Directeur, une chose immense qui n'est pas moi, une chose que je n'ai pas faite, une *cause perdue*, dites-vous (nous verrons bien !), dont je tiens à être le martyr, et dont vous, catholique et éclectique en même temps, n'avez pas,

— souffrez que je vous le dise! — la première notion. Cette chose, c'est le catholicisme. Aussi est-ce uniquement pour le compte du catholicisme que je vous réponds.

Vous êtes, mon cher Directeur, comme tous les hommes de ce temps-ci qui ont du talent, je l'accorde, et quelquefois un grand talent, des connaissances très étendues, un bagage intellectuel considérable, enfin des supériorités incontestables de toutes sortes, mais qui ne savent pas le premier mot, le premier traître mot du catholicisme, et pour une bonne raison, dénuée d'impertinence, c'est qu'ils ne l'ont point étudié... Le plus superbe des journalistes qui en parle en sait moins, par exemple, que la première petite femme venue qui a appris son catéchisme. Or, on n'invente pas le catholicisme, pas plus qu'on n'invente la parole, l'écriture, l'algèbre. Cela s'apprend sous peine d'étudier. Le xviiie siècle, dont nous sommes les fils, et toutes les philosophies qui ont succédé à la sienne, nous ont donné pour les choses religieuses un mépris aussi large que superficiel. Les uns les écartent souverainement, comme les puérilités de la pensée, et les autres, — les meilleurs, — comme vous, les acceptent sous bénéfice ou plutôt sous maléfice d'inventaire. C'est affaire d'examen, de philosophie, de libre-pensée, comme on dit si drôlement en matière de dogmes imposés ! C'est enfin la reconnaissance d'un catholicisme de fantaisie, mais qui n'est nullement le catholicisme tel qu'il existe depuis qu'il a paru dans le monde, c'est-à-dire le catholicisme surnaturel.

Le surnaturel ! La notion du surnaturel ! Voilà ce qui vous manque à tous, gens d'esprit et de science de mon siècle, qui parlez de catholicisme, même avec respect. Sans cette notion du surnaturel, que vous n'avez jamais creusée, jamais pénétrée, jamais acceptée, le catholicisme n'a plus son caractère absolu, infaillible et divin. Il n'est plus le catholicisme. Il n'est plus qu'une institution religieuse, morale et politique quelconque. C'est, si vous voulez, de la plus majestueuse Haute Police, et même de la Civilisation. Mais de catholicisme, plus rien ! Tout s'écroule, si vous ôtez le surnaturel ! Toute la différence de mon catholicisme au vôtre, la voilà, mon cher Directeur. Le vôtre est un catholicisme *Naturel* et vous appartient; le mien est un catholicisme *Surnaturel* et ne m'appartient pas. Je l'ai reçu des enseignements de l'Église. Le vôtre est — je vous en demande bien pardon! — une maison de tolérance dans l'ordre des idées. Le mien est un sanctuaire où l'on n'admet que ceux qui acceptent la rigueur incompatible de la vérité ; car la vérité est incompatible, et quelles que soient les circonstances de la vie, — les *besoins du temps*, comme vous dites, vous autres, — il n'y a jamais rien à en sacrifier. Si vous étiez partis de la *surnaturalité* du catholicisme, mon cher Directeur, cette grande notion qui le clarifie et lui donne la limpidité d'un verre d'eau, vous n'auriez pas écrit dans votre article-lettre un tas de choses que j'ai vraiment regret d'y voir...

Par exemple, vous n'auriez pas écrit que j'étais un catholique austère et idolâtre qui fait des plus *simples paroles* du Pape un article de foi, attendu qu'un catholique comme moi ne fait des *articles de foi* des *paroles* du Pape que quand ces paroles sont papales, prononcées du haut de la chaire de Saint-Pierre sur laquelle il est assis. Si le Pape parlait de ses pantoufles, il ne ferait pas plus d'articles de foi que M. Jourdain quand il parle à Nicole des siennes et qu'il lui dit de les lui apporter. — Vous n'auriez pas dit que je fais de ses lettres apostoliques *plus qu'un dogme ;* car, en catholicisme, il n'y a pas *plus qu'un* dogme. — Vous n'auriez pas dit que le catholicisme est un *filet* auquel il faut ajouter des mailles pour prendre plus de poisson ; car la question, pour le catholicisme, n'est pas de prendre du poisson, mais des âmes, et vous n'auriez pas comparé la prédication d'une doctrine absolue à l'abject engin d'un poissonnier ! — Enfin, mon cher Directeur, si la notion du catholicisme surnaturel ne vous avait pas manqué radicalement, vous ne m'auriez pas reproché d'avoir dit que le prêtre était prêtre avant d'être citoyen, parce que (je l'avais dit pourtant !) la qualité de prêtre implique toutes les vertus et qu'il est bien mieux qu'un citoyen, puisqu'il est un citoyen *surnaturalisé !* Vous ne m'auriez objecté ni la dignité du caractère, ni la liberté de la pensée...

La dignité du caractère, pour le prêtre catholique, c'est de garder le sien : le *caractère de son sacerdoce*. Et quant à la liberté de la pensée, nous n'en avons, nous autres catholiques, et pour des raisons que l'Église sait déduire, que la soumission.

Agréez, mon cher Directeur, etc.

J. BARBEY D'AUREVILLY.

5 août 1869.

HISTOIRE CONTEMPORAINE

LE SURLENDEMAIN DE L'AMNISTIE

A M. Edmond Tarbé, *Directeur du* Gaulois.

Mon cher Directeur,

Le moyen, quand on écrit dans votre journal tous les mercredis, et sous cette large rubrique qui comprend tout : *Histoire Contemporaine,* de ne pas dire un mot sur le grand événement historique qui ne date encore que de deux jours! Le moyen, dites-moi, de ne pas parler de l'amnistie! Tout le monde en parle. Quand le gong résonne, il dévore tous les autres bruits. C'est l'événement-gong, que l'amnistie. Déjà, le jour même qu'elle fut proclamée, le *Gaulois*, enthousiaste et confiant comme... un Gaulois, poussa son cri de reconnaissance et de joie, — mais, après ce cri et l'émotion, la très noble émotion qui l'a poussé, sera-t-il permis à un observateur de porter sur l'acte politique qui a touché le cœur juvénile du *Gaulois* un simple et ferme regard, essuyé de l'attendrissement qui empêche toujours de voir clair ?

Et si cela est permis, — et pourquoi pas ? — je profiterai de la permission. Vous avez souvent dit que votre journal était un kaléïdoscope dans lequel tournaient et passaient toutes les opinions. Celle-ci, qui, probablement, n'est pas la vôtre, peut donc y tourner et passer !

Je ne viens point, d'ailleurs, blâmer l'amnistie. Quoique je ne craigne pas beaucoup la lapidation, je ne viens point critiquer ce que je voudrais voir, au contraire, senti et applaudi dans un accord immense. Ce que je voudrais, mon Dieu ! c'est ce qu'on rêve... Ce serait la générosité du Pouvoir fondant les cœurs ennemis, emportant tout, plus fort que tout par la clémence. Seulement, il est des raisons de douter de ce résultat magnifique, espéré par les cœurs très purs... Voyez ! nous n'en sommes encore aujourd'hui qu'au surlendemain de l'amnistie. Le *Gaulois*, cette fibre jeune du Journalisme contemporain, a tressailli ; mais les vieilles fibres de ce même journalisme, et les retorses, pires que les vieilles, n'ont rien senti de ce tressaillement que j'aime et que j'aurais voulu voir prolongé et universel. Je viens de lire tous les journaux, ceux-là surtout que l'amnistie devait le plus ravir. C'était la bonne heure de les lire. Ils n'avaient pas eu encore le temps de corriger leur premier mouvement par le second, selon le conseil de Talleyrand. Mais cela a été bien mieux ! Ils n'ont pas eu de premier mouvement.

On s'attendait, sinon à des cris joyeux de délivrance, au moins à des attitudes de gens un peu contents d'être délivrés. Eh bien, pas du tout ! Ils sont restés frigides, rigides, froncés, désagréables. Les uns « ne croyent pas à la loyauté de l'amnistie, si on ne leur donne pas du même coup la liberté de la presse et de l'imprimerie, le droit de réunion, le droit d'association, etc., etc., » tout, enfin ! n'étant reconnaissants de rien quand il reste quelque chose à donner. Les autres disent, ces vaincus, avec des airs vainqueurs : « Nous ne voulons pas de grâce. Nous voulons notre droit. C'est au gouvernement que l'amnistie profite le plus. » C'est donc lui, — selon ceux-là, qui seraient très drôles s'ils n'étaient pas sinistres, — c'est donc lui, le gouvernement, qui se fait grâce à lui-même. Délicieuse bouffonnerie, panachée par celle-ci :

« Qu'est-ce que l'amnistie, quand il reste une police ?... » Pourquoi pas : Quand il reste un gouvernement ?... Enfin, les plus pédants de haine, car la haine a aussi ses pédants, les plus empalés sur l'idée pointue de l'*irréconciliabilité*, disent fièrement, sans se courber, chose naturellement impossible à des empalés : « La clémence n'a rien à démêler avec la justice. » Tel le succès de l'amnistie. Telle l'expérience, pratiquée une fois de plus, de cette proposition qui est une loi : Les amnisties ne désarment que ceux qui les font...

Les pouvoirs amnistient les coupables, mais les coupables n'amnistient pas les pouvoirs qui les ont condamnés.

Ah ! c'est toujours la même histoire dans l'Histoire. Demandez à tous les mâles esprits qui ont jugé puissamment la nature humaine pour l'avoir bien connue... Vous n'avez pas besoin de poser vos questions si haut : demandez — puisque nous y sommes ! — à ce surlendemain de l'amnistie. Il n'y a que Dieu qui fasse des conversions. Les partis ne désarment point parce que les gouvernements désarment devant eux. Dans un mouvement d'imprudence magnanime, le Pouvoir brise sur son genou le glaive de la Justice ; les Partis ne brisent pas l'épée de l'Hostilité sur le leur. C'est une raison de plus, au contraire, pour l'y aiguiser. Dieu sait même quel motif abaissant ils supposent au Pouvoir pour leur avoir fait grâce ! Ce n'est pas des Peuples, mais des Partis, que Victor Hugo pouvait écrire qu'ils mettent toujours :

..... de *leurs* mains dégradées,
Quelque chose de vil sur de grandes idées !

Je souhaite, pour mon compte, que pour le récompenser de leur avoir donné l'amnistie, ils ne calomnient pas l'Empereur.

Je le souhaite, mais sans l'espérer. Certes ! pour qui les connaît, ils sont bien capables de dire qu'il a eu peur, — qu'il s'humilie, — qu'il sent sa faiblesse. Ils sont bien capables de dire que, comme les mourants, les pouvoirs ont des capucinades dernières ! Aujourd'hui, ils n'osent pas tout à fait. Ils ne sont encore que négativement insolents. Mais ils le deviendront... positivement, lorsque se sera effacée de ce léger cœur de femme de l'Opinion la vive impression qu'y a mise ce droit de faire grâce exercé par un pouvoir qui, après tout, pouvait ne pas s'en servir. Lui, l'Empereur, s'en soucie peu, j'imagine. Il a moins regardé à ses ennemis qu'à son idée, et cette idée a entraîné toute sa nature débonnaire ; car c'est un débonnaire que l'Empereur. C'est le Louis le Débonnaire de la grande race Carlovingienne de notre temps...

Cette idée, — l'idée d'amnistie, — m'a toujours fait, en politique, le même effet que l'art pour l'art, en littérature. C'est de la générosité pour de la générosité. Les gouvernements peuvent faire une belle chose en proclamant une amnistie, mais cette belle chose est comme tant de belles choses qui sont inutiles, et dont l'essence même est d'être inutiles. En mieux (car il y a un pis que je dirai tout à l'heure), les amnisties, en politique, ne rapportent absolument rien. C'est un luxe de générosité que je puis comprendre et qui a même sa grandeur touchante, — mais à distance, dans l'Histoire. Au bout de deux mille ans après une amnistie, il peut se rencontrer un vieux rêveur épris des choses passées qui fasse de la clémence d'Auguste une tragédie sublime ; mais avant cette chance lointaine de trouver un Corneille dans le chemin de son immortalité, et sur le terrain de la *réalité immédiate*, c'est un jeu auquel on ne gagne guères, que les amnisties, dont la gloire incertaine a bien son danger pour ceux qui, ayant le sort d'un gouvernement dans les mains, doivent, avant tout, garder leur prudence.

Et encore, puisque je parlais de Corneille, ce n'est pas une amnistie qui a touché le poète et qui lui a inspiré son chef-d'œuvre à la gloire d'Auguste ; ce n'est pas une amnistie en bloc, une amnistie en masse qui délivre et gracie aveuglément : c'est le droit de grâce, aux yeux clairs, individuellement exercé. C'est Cinna qui fait la valeur et la beauté de la clémence d'Auguste! Sans doute, il y avait derrière Cinna un groupe d'hommes qui s'appelaient et qui étaient des conspirateurs. Mais c'est parce qu'Auguste avait jugé Cinna et que Cinna répondait pour tous ses amis et les couvrait de son honneur aux yeux d'Auguste, qu'Auguste pardonna à Cinna. Je ne confonds pas le droit de grâce individuelle, discernant et choisissant, avec une amnistie qui ressemble à la promiscuité du pardon... En faisant grâce à des coupables individuels, l'homme d'État sait sur quelles âmes il frappe l'empreinte de sa clémence : il sait si elles sont capables de la garder... Mais une masse énorme, une masse flottante, systématiquement pardonnée, quelle âme a-t-elle dont on soit sûr ?... Dieu, qui en sait plus long sur le fond des âmes que les gouvernements, ne pardonne que quand on se repent. Est-ce donc que la sagesse des gouvernements serait de ne pas imiter Dieu ?...

Et j'ai dit qu'il y avait un pis à ces questions d'amnistie ; que ne rien rapporter était le mieux. Alors, en quoi sont-elles utiles ?...

Mais le pis, — je le trouve dans l'Histoire de ces derniers temps.

Pie IX a donné aussi une fois son amnistie, qui lui valut même quatre jours d'enivrante popularité. Et puis, ils lui poignardèrent son ministre et lui firent une révolution...

Agréez, mon cher Directeur, etc.

J. BARBEY d'AUREVILLY.

19 août 1869.

LE LION MORT

I

Encore un qui vient donner son coup de pied au Lion, non pas mourant, mais mort!

« Ah! puisque tu n'es pas vivant », dit Jocrisse, devenu un héros devant le mannequin qu'il prenait pour un homme et qui l'avait fait trembler, « tiens! attrape! Ah! c'est comme cela? Attends! je « m'en vais t'en donner! » Et il frappe. Les détracteurs de Napoléon Ier ont de ces courages de Jocrisse. Ils viennent tous, depuis quelque temps, à la file, les uns après les autres, allonger sans danger leur coup de pied à la grande mémoire. Après Lanfrey, le triste-à-pattes, nous avons eu Barni, Barni, le suisse d'Amiens, exactement comme Petit Jean :

On l'avait fait venir d'Amiens pour être suisse!

l'anémique, le chlorotique Barni, qui n'a d'esprit et de talent qu'en Suisse et pour des Suisses, et dont le coup de pied a la mollesse de l'impuissance. Et enfin, cette semaine, voici Littré, à la jambe de mulet, car Littré, ce n'est point un âne ! qui s'en vient à son tour asséner sa ruade au Lion du siècle, à celui-là auquel nous devons tous nos malheurs, — disait bassement Courier : — « parce qu'il était un grand homme ! »

II

Courier mit aussi sa longue dent jaune dans la gloire de l'Empereur, mais le marbre mordu s'est moqué de la dent... M. Littré a rappelé le mot de Courier comme une belle chose. Il se met derrière le mot de Courier. Pour ces égalitaires, qui trouvent leur compte dans le niveau des républiques, tout grand homme est l'ennemi... encore plus que *l'ennemi qui est notre maître*. Or, Dieu sait si l'Empereur Napoléon fut maître et s'il fut un grand homme, par-dessus sa maîtrise ! s'il avait dans son immense personnalité les deux supériorités les plus désespérantes pour ces envieux, qui voudraient que toute tête ne fût pas plus haute que la leur.

Seulement, pourquoi M. Littré nous dit-il son opinion si tard ? Pourquoi M. Littré, qui est de l'opinion de Paul-Louis Courier sur le premier des Bonaparte, a-t-il attendu si longtemps après Courier pour nous dire qu'il pensait comme lui ? M. Littré n'est pas un *petit crevé* de l'Histoire comme M. Barni ou le jeune Lanfrey. Il y a longtemps qu'il en remâche, lui, de l'Histoire... Il est presque aussi vieux que le serait Courier. Pourquoi a-t-il attendu si tard, et, lui que, certes ! je ne compare point à eux, a-t-il emboîté si piteusement le pas derrière Lanfrey et Barni, le suisse d'Amiens ? Était-ce donc là l'opinion qu'il avait sur l'Empereur du temps qu'il écrivait au *National,* auprès de son ami Carrel, et que, pour faire honte au lâche temps auquel ils avaient affaire, ils opposaient la gloire de l'Empire, dans le *National,* aux platitudes de la monarchie de Juillet ?...

Mais la réponse est facile à faire. C'est que M. Littré, en écrivant l'article publié dans le *Journal des Débats,* son remorqueur ordinaire, à ce naufragé du *National,* a bien moins obéi à sa propre pensée qu'à un mot d'ordre de parti. Le mot d'ordre actuel de tous les ennemis de l'Empire est de s'acharner des poings et des pieds sur la gloire de Napoléon Ier, non par haine contre Napoléon, mais par haine contre l'Empire.

Voilà la manœuvre commandée, et ça n'est pas plus bête qu'autre chose. La gloire d'un grand homme étant la racine de toute dynastie, il faut la couper, cette racine ! Il faut rendre Napoléon IV impossible en diminuant le grand Empereur, qui est le môle de la race, le marbre dans lequel est ancré le premier anneau de cette chaîne d'une dynastie. L'histoire de l'Empereur était faite depuis longtemps et bien faite. Quand la gloire est si grande qu'on la sent, qu'on la voit, qu'on la touche comme un fait physique, il n'y a pas même besoin d'historiens. Les historiens, c'étaient nos pères, qui nous ont, *chez nous*, à *nous* tout petits, raconté les choses de leur temps, les choses faites avec leur sang aussi, comme la gloire de Bonaparte. Mais voilà que, tout à coup, les ennemis de ce nom si grand se sont pris à vouloir refaire cette Histoire, fourmillant là dedans comme des rongeurs dans de la pourpre ! Lanfrey a ramassé les épingles dont Mme de Staël se servait contre le colosse, et il n'y ajoute, à ces épingles, que la lourdeur de sa main pataude ; Barni a dégorgé son petit bouillon de poulet pour faire une tache à la Carpeaux sur la statue monumentale ; et Littré, le savant Littré, met toute sa chimie sur la tache, pour la faire durer...

III

Mais que dirait l'ami Carrel, s'il revenait?...

S'il revenait, comme un spectre, regarder par-dessus l'épaule de son ami Littré ce qu'il écrit à présent dans le *Journal des Débats?*...

Car, ne vous y méprenez pas, jeunes innocents républicains qui n'avez pas connu Carrel, c'était bien moins un républicain qu'un bonapartiste ! Ce n'est pas lui qui aurait craché malproprement sur le tombeau du grand Empereur ! Ce n'est pas lui qui aurait diminué sa gloire ! Ce n'est pas lui, l'homme d'épée, qui se connaissait aux choses de l'épée, qui aurait fait fi de cette gloire d'épée et qui l'insulterait aujourd'hui ! Armand Carrel était un bonapartiste d'avant l'heure. Il y a dix ans juste que j'écrivais, à propos d'une publication de M. Littré sur Armand Carrel et que M. Littré n'a pas continuée : « Élevé pour être un soldat, il était (Carrel) ce que furent tous les hommes de sa génération, qui avaient reçu sur leurs berceaux le coup de soleil de l'Empire. Et cela est si vrai que sans ce bonapartisme de conscience qu'il ne put s'arracher du cœur, on pourrait défier d'expliquer sa vie, cette vie douloureuse et fort triste qu'il fut toujours disposé à donner pour rien et qu'il a donnée pour moins que rien... Bonapartiste sans patience, trompé dans ses ambitions les plus légitimes quand il se comparait à M. Thiers et à M. Mignet, il se jeta de dépit et de colère dans une opinion qui l'entraîna de la gauche triomphante à la gauche souffrante, et de là, à la république. Mais républicain seulement pour faire pièce à un gouvernement qui ne lui avait pas fait sa place, il n'eut pas la force que contenait son parti parce qu'un tel parti est nécessairement l'excès même et qu'il en repoussait les excès. Le malheureux ne fut jamais lui-même. Il oscilla toujours entre le mot d'ordre de son parti et sa nature impatiente de le recevoir. Mais sous la logomachie révolutionnaire qu'il fallait parler, il avait, en sa qualité de bonapartiste, le sentiment vrai de l'honneur militaire de la France. »

Eh bien, que dirait-il, Carrel, à cette heure, en voyant son ami Littré si peu soucieux de cet *honneur militaire de la France?* En le voyant si peu osciller, lui, entre sa conscience peut-être, et le mot d'*ordre* des partis ?

Et des partis qui ne furent pas ceux de leur jeunesse, à Armand Carrel et à Littré! Des partis qui trouveraient maintenant la république du *National* un gouvernement ridicule et qui veulent bien d'autres républiques ! Des partis qui, en attendant leur triomphe, se promiscuent tellement les uns aux autres, que le Littré du *National* écrit contre l'Empire, dont son ami Carrel serait peut-être le ministre s'il vivait, de la même main qui écrivit au *National*, dans le journal des d'Orléans !

12 septembre 1869.

LES
ASSASSINS CONTRE LES RHÉTEURS
TROPMANN CONTRE JULES SIMON

―――

I

Dieu a des manières à lui de replacer les grandes questions dans la lumière, quand les hommes les ont embrouillées.

Ainsi la peine de mort. La question de la peine de mort. Voilà bien cent ans tout à l'heure que les hommes la brouillent et l'obscurcissent, cette question claire pour tous les siècles et pour toutes les nations… quand, tout à coup, un septuple assassin la *ré-éclaire* avec l'acier de son couteau !

Et c'est de cette façon que Dieu se sert un

jour des scélérats matériels pour faire la leçon aux scélérats de la pensée qui les ont produits, et leur apprendre, avec une force terrible, où est la Vérité.

II

L'abolition de la peine de mort, en effet, semblait une affaire terminée, une cause entendue, une législation prochaine dont nous n'étions plus séparés que par un vote. On en avait créé l'horreur, — une horreur factice pour nos mœurs. On avait effroyablement travaillé, et de tous les côtés, à cette triste besogne philantropique. Les philosophes et les femmelettes, les criminalistes et les criminels, les coquins politiques et jusqu'à des honnêtes gens, avaient béatement et bêtement proclamé le respect inviolable de la vie humaine dans ceux qui ne l'avaient pas respectée... Et la chose avait été discutée, depuis Robespierre jusqu'à M. de Broglie, et depuis M. Victor Hugo jusqu'à M. Jules Simon.

Eh bien, à tout cela, — à ce tas de sophismes, de sentimentalités et de niaiseries dont ils avaient encombré la pauvre et faible tête humaine, — Dieu a fait une réponse : Tropmann !

Et la peine de mort est redevenue, pour le peuple, la *peine nécessaire*, et les cent sept coups de couteau de Tropmann ont, à travers les corps de ses victimes, fait rentrer dans l'esprit et le cœur du peuple la notion sévère d'une pénalité sans laquelle il n'y aurait plus que de dérisoires législations.

III

Or, pendant que tout Paris était prêt à appliquer la peine de *Lynch* à Tropmann, si Paris n'eût pas été de la vieille terre de France, glorieuse d'ordre autrefois, où la force publique vient encore plus facilement à bout qu'ailleurs de la fureur, même légitime, des masses, j'ai voulu lire (c'était bien le moment !) la dernière production de la Libre Pensée sur la question de la peine de mort.

La dernière, qui devait résumer toutes les autres et les dépasser, puisqu'elle est la dernière... et que la tête d'où elle est sortie est celle d'un législateur et d'un philosophe.

Malheureusement, c'est M. Jules Simon. Un législateur de colle-à-bouche et un philosophe de papier mâché.

IV

Quand j'ai donc ouvert ce petit livre, car il est petit de toutes les manières, et quand j'ai cru déboucher au moins un flaconnet de poison philosophique comme les philosophes peuvent en combiner, j'ai retrouvé le Jules Simon que je connais depuis des années, et qui, bien probablement, ne changera pas. Son livre sur la peine de mort n'est pas un traité, comme on eût pu le croire. C'est une anecdote, — une petite histoire, qui, sous la main de l'auteur des *Chroniques de la Canongate,* pouvait être très pathétique et très pénétrante. Mais sous la main empâtée et pâteuse de M. Jules Simon, rien ne saurait aller jusqu'au *vif* du talent. L'*anecdotier*, chez M. Jules Simon, est le fond de l'homme. Dans son cours de philosophie, bon pour des têtes de petites filles, il racontait des anecdotes. A propos de cette grave question de la peine de mort, il raconte une anecdote encore... Et cette anecdote, sans qu'il s'en aperçoive, cet homme myope, qui n'a que les gros yeux de la mémoire, ne prouve rien contre la peine de mort, puisque, dans les circonstances de son historiette, elle n'a pas été appliquée.

« J'aime mieux un exemple qu'une raison »,
— dit l'enfantin et sénile philosophe. Ah! il a
été comme cela toute sa vie. Il aime mieux la
confiture que le pain, et il dédie son *exemple* à
Victor Hugo, l'autre faiseur d'*exemples,* tête
philosophique égale, qui aussi aime mieux l'imagerie que l'abstraction, et qui, pour arguments
sur la question de la peine de mort, nous a
raconté des histoires comme *Claude Gueux* et le
Dernier jour d'un condamné!

V

Et, d'ailleurs, comment voulez-vous qu'ils
fassent autre chose?...

Quand ils ont dit, comme Robespierre, que
l'homme n'a pas le droit de punir de mort
l'homme qui a donné la mort sans exhiber la
preuve *qu'il n'a pas le droit*, ils sont à sec... Ils
ne savent plus que faire des romans, énervants
et corrupteurs, sur cette question première.
Robespierre était déiste. Il n'avait pas assez de
virilité pour être athée : eunuque en tout, ce
blême envieux! envieux comme le sont les
eunuques! M. Simon est un déiste, et, pour les
mêmes raisons, c'est un sceptique aussi, comme
Robespierre, qui proclamait un dieu *de cérémo-*

nie, mais qui n'en était pas bien sûr... Au moins, quand, à l'autre bout de cette longue chaîne de raisonneurs qui ont raisonnaillé contre la peine de mort depuis un siècle, on trouvait M. de Broglie, il donnait, lui, une raison, fausse sans doute, mais qui avait le grand air que revêtent toutes les petites raisons de l'esprit quand elles s'appuient sur des croyances. Il disait que l'homme, en punissant de mort, empiétait sur la miséricorde de Dieu, qui laisse le criminel vivre après son crime, et que, si on a le *droit de condamner*, on n'a pas le *droit de damner*. Spéciosité qui ne tient pas devant l'examen ; car Dieu fait ses justices par l'homme autant que par lui-même. La société, ici-bas, dans ses *fonctions nécessaires*, remplace Dieu. Mais M. Jules Simon n'est pas de force à admettre un sophisme aussi mâle. Et sur quoi se fonderait-il donc pour l'admettre ? L'immortalité de l'âme, pour les simples déistes, nous savons ce que c'est... C'est comme le Dieu de leur conscience, dont Broussais aurait pu dire (pour celui-là) qu'en disséquant depuis trente ans, *il n'en avait jamais vu les oreilles*. M. Jules Simon, dans la préface de son anecdote, s'inscrit en faux contre l'irrévocable, et en cela il s'inscrit en faux contre la nature même, qui, à tout bout de champ, fait de l'irrévocable. L'assassin aussi en fait, à sa manière... M. Simon ne veut pas qu'on en fasse contre l'assassin. Cela le trouble et le démoralise, ce pitoyable M. Simon ! Il n'en veut pas dans la peine. Il n'en doit pas vouloir non plus dans les institutions. Il ne doit pas en vouloir non plus dans le mariage, — ni dans les relations de la vie, ni dans la parole d'honneur sur laquelle elles reposent; car, enfin, il y a l'irrévocable du serment ! M. Simon ne me l'a pas dit, mais je parierais bien qu'il applaudit présentement au moine en rupture... de serment, qui, lui non plus, n'a pas voulu de l'irrévocable.

Car ils sont très complets et très conséquents malgré eux, ces sophistes d'argile ! Ils ne bâtissent rien pour l'éternité. Ils ne voudraient, tous ces larmoyeurs qui sont parfois, comme Robespierre, des crocodiles, que des législations fluentes et vaines, agitées et faibles comme la sensibilité dont elles émaneraient, et dont, pour l'heure, elles se réclament...

Mais les coups de couteau des assassins leur répondent, et Tropmann en a mis cent sept à l'adresse de M. Jules Simon.

Comme le peuple, les sentira-t-il ?

4 novembre 1869.

TABLE DES MATIÈRES

Lettre à M. Grégory Ganesco, directeur du *Nain Jaune*.   1
Les *Réfractaires*, par M. Jules Vallès   11
A Monsieur Grégory Ganesco, directeur du *Nain Jaune* .   23
L'Affaire Clémenceau   37
M. Henri Rochefort.   49
Les faux-nez littéraires.   61
Encore un enterrement.   75
Réponse à M. Ganesco.   85
Une vue d'Histoire.   93
MM. Prévost-Paradol, etc.   99
Les Revues de fin d'année. 107
M. Jules Favre 113
Les petits hurleurs de Liberté 121
Une promotion 129
Emplâtres et dérivatifs 137
Résultat. 147
Une seconde invitation 157
Les vieilles baraques de Paris 163

Les libres-penseuses.	171
La dernière consigne	177
Le Jubilé napoléonien.	185
Les moralistes électoraux.	189
Les revenants.	197
Le vis-à-vis définitif.	203
Hic jacent	209
La morale de tout cela	215
La province électorale.	223
Le dossier dans l'Histoire du gouvernement personnel.	229
Grandeur et décadence du gouvernement personnel	237
Les momies parlementaires	243
Histoire contemporaine (Autriche)	247
Les dynasties démocratiques.	255
Le pétard Michelet.	261
Un naturaliste de plus	269
Histoire contemporaine (Le duel tombé en quenouille).	275
Histoire contemporaine (Lettre à Mme Audouard).	285
Les deux Pères de la Paix.	295
Une réponse. A M. le Directeur du *Gaulois*	305
Histoire contemporaine (Le surlendemain de l'amnistie)	311
Le Lion mort.	319
Les Assassins contre les Rhéteurs	327

ÉVREUX, IMPRIMERIE DE CHARLES HÉRISSEY .